BORAVAREJO

COMO A CULTURA DE TRANSFORMAÇÃO DIGITAL AJUDOU AS EMPRESAS A ENFRENTAR A MAIOR CRISE DO SÉCULO

Nota do publisher

A grande maioria dos livros sobre vendas focam técnicas de como ser mais bem-sucedido nos canais tradicionais. Porém, o mundo mudou muito, e todos que estão no mercado de trabalho precisam encontrar meios de continuar vendendo, sobretudo no varejo, que mudou drasticamente. Alfredo Soares é um revolucionário muito engajado nessa área, e ele conseguiu produzir em tempo recorde um livro que pode ajudar a todos que estão no ecossistema do varejo. *Bora varejo* é um daqueles livros que vão revolucionar o jeito de pensar e agir de quem ainda precisa de um empurrãozinho pra se movimentar neste novo mundo. Tenho orgulho de publicar este seu segundo best-seller, Alfredo!

Rosely Boschini
CEO e publisher da Editora Gente

ALFREDO SOARES

AUTOR DO BEST-SELLER BORA VENDER

BORAVAREJO

COMO A CULTURA DE TRANSFORMAÇÃO DIGITAL AJUDOU AS EMPRESAS A ENFRENTAR A MAIOR CRISE DO SÉCULO

Gente editora

Diretora
Rosely Boschini

Gerente Editorial
Carolina Rocha

Editora Assistente
Franciane Batagin Ribeiro

Controle de Produção
Fábio Esteves

Coordenação Editorial
Silvia Regina Sousa

Apoio de projeto
Guilherme Capucci

Capa e projeto gráfico
Anderson Junqueira

Preparação
Fernanda Guerriero

Revisão
Marília Chaves e Andréa Bruno

Fotografia de capa
Matheus Lins

Design Bora Varejo
Carlos Angelo

Ilustrações de miolo
Humberto de Freitas | Facilitando Ideias

Impressão
Gráfica Bartira

Rua Original, 141/143, Sumarezinho,
São Paulo – SP, CEP 05435-050
Telefone: (11) 3670-2500
Site: www.editoragente.com.br
E-mail: gente@editoragente.com.br

DADOS INTERNACIONAIS DE CATALOGAÇÃO NA PUBLICAÇÃO (CIP)
ANGÉLICA ILACQUA CRB-8/7057

Soares, Alfredo
    Bora varejo / Alfredo Soares. – São Paulo: Editora Gente, 2020.
    224 p.

ISBN 978-65-5544-012-6

1. Vendas 2. Varejo 3. Empreendedorismo 4. Negócios I. Título

20-2368   CDD 658.81

Índice para catálogo sistemático:
1. Vendas

Dedico este livro a todos os donos de comércio, gerentes, supervisores, franqueados, empreendedores, feirantes, vendedores e todos aqueles que de certa forma vivem do varejo.

Também dedico às crianças dos projetos apoiados pelo Instituto Ayrton Senna, ao qual cedi 100% dos direitos autorais desta obra, por acreditar que por meio da educação construímos um futuro promissor. O único jeito de ter um futuro melhor é agindo no presente.

Por fim, gostaria de destacar nossos lojistas, alunos, seguidores e colaboradores que tornaram este trabalho possível em tempo recorde.

Sozinho sou um louco, juntos somos um movimento, como diz Pedro Superti, grande parceiro e alumni do Gestão 4.0.

#BoraJuntos
#BoraVender
#BoraVarejo

AGRADECIMENTOS

Este livro nasceu em meio à maior pandemia da história em que, além da luta contra a covid-19, lutamos pela nossa saúde mental todos os dias. Transformar tudo que aconteceu em um livro só foi possível porque tenho pessoas muito importantes que sempre estão ao meu lado me ajudando, apoiando e acreditando no meu propósito e nas minhas loucuras.

Quero começar agradecendo ao meu braço direito, Guilherme Capucci, que me dá todo suporte e cuida da minha agenda; Carlos Angelo, da BRTM Comunicação, diretor criativo do projeto; e Humberto de Freitas, da Facilitando Ideias, responsável pelas artes que ilustram este livro. Às empresas LeadLovers, Zenvia, Post2B e Yazo por apoiarem o projeto com suas soluções e ferramentas.

Por cuidarem da minha saúde física e mental nesta quarentena produtiva, agradeço à super equipe que esteve comigo todos os dias: William Pagotti de Melo, meu fisioterapeuta; Thiago Volpi, médico que cuida da minha dieta e disposição; Alexandre Imperador, meu treinador de boxe e grande incentivador, foi como um irmão mais velho neste período; Rafael Protein, meu *personal trainer*; Jéssica Soares, que cuida da minha casa com todo o carinho do mundo; e Ronaldo Machado, meu motorista e escudeiro que ajuda a resolver as missões na correria do dia a dia. Essas pessoas têm papel importante para eu conseguir enfrentar os desafios e suportar a minha agenda.

Quero agradecer aos meus amigos Paulo Orione, João Vitor Chaves Silva, Roualli Trindade e Lucas Golbert por me ajudarem na curadoria dos textos e por todos os comentários que agregaram demais na finalização deste livro. Vocês foram foda!

Agradeço ao apoio de todos os colaboradores das empresas: VTEX, Loja Integrada, Indeva e Gestão 4.0. Também a todos do Exército Bora Vender[1], iniciativa que montamos durante a quarentena com objetivo de compartilhar conhecimento para varejistas de todo Brasil e que foi fundamental para o sucesso de todas as ações.

Aos meus amigos José Boralli, Ricardo Natale, Isabella Barreto, Rogério Salume, Geraldo Thomaz, Sergio Valente, Martin Montoya, Fernanda Guerreiro, Sheila Wakswaser, Luiz Lara, Valéria Giannini, Priscila Jaffé, Flávia Marcon, Andrea Artuzo e Jr Biro que ajudaram a intermediar e convidar os gestores para as lives que inspiraram este livro; ao Tiago Baeta, do E-commerce Brasil; Alberto Loureiro, do Portal ClickPB; e todos parceiros e amigos que divulgaram o projeto.

Duas pessoas dos bastidores que foram essenciais: Guilherme Lerner e Bernardo Montenegro, ambos da VTEX. Eles cuidaram da infraestrutura necessária para a transmissão e divulgação das lives. A todos os consultores do Sebrae e CDL pelo Brasil que ajudaram a disseminar o conteúdo. E à Editora Gente por ter embarcado na ideia deste projeto que nasce com um propósito gigante.

A todos vocês, gestores, que toparam o convite para participar das lives e cederam seu tempo dando as entrevistas que ajudaram a compor o conteúdo desta obra, um obrigado mega especial.

Agradeço com muito carinho e admiração ao Fred Trajano e ao Nizan Guanaes que aceitaram a missão e escreveram, respectivamente, o prefácio e o posfácio do *Bora varejo*.

---

[1] *Veja todos os participantes na página 9.*

E ao Ricardo Novack, alumni do Gestão 4.0 que, quando comecei as lives, me ligou e deu dicas preciosas para organizar a sequência de entrevistas, dando um sentido maior ao que estava fazendo.

Por último, a todos os espectadores que acompanharam as mais de 100 lives que fiz. Sem essa audiência, nada disso teria acontecido. Vocês me deram forças e ainda mais vontade de seguir em frente com esse projeto. Foram mais de 130 mil espectadores ao longo da jornada e 39.732 varejistas impactados através do projeto Bora Varejo.

Meu muito obrigado a todos. Como diz meu amigo Tio Huli, é só o começo!

Tamo junto e #BoraVender!

EXÉRCITO #BORAVENDER

Alex Liziero, Alan Lopes, Alexandra Andrielle, Ana Dall'Oca, Ana Paula Queiroz, Bárbara Quinta Rosa, Bruna Gasparotto, Carlla Dutra, Célia Amaral, Cin Medeiros, Clarisse Paiva, Daniel Marigliano, Danielle Lasman, Darlan Alves, Denise Cavalheiro, Diego Borba, Eder Zuca, Eduardo Marques (Wi7h), Eduardo Pimenta, Emerson Scholze, Erick Custódio, Everton Martins, Evolution Convites, Fernando Camargo, Filipe Augusto, Flávia Kristina, Flávio Almeida, Giceli Brandt, Gisele Decker, Gisele Souza, Greg Teixeira, Guilherme Almeida, Guilherme Batistela, Guilherme Rosas, Halison Rian, Heuder Santana, Heverton Lustoza, Hiran Lima, Hygons Hypólito, Igor Arantes, Inacio Filho, Israel Nunes, Jackelline Falcão, Jadson Andrade, Jair de Oliveira, Jaqueline Marques, Jônathas Lago, Jordania Souza, Joyse Lima, Julia Laks, Juliane Fiorezi, Jussimara Nery, Leandro Caetano, Leandro Quintao, Leandro Soriani Lima, Lila Beltrão, Lili Prado, Lincoln Beraldo, Luã Vignoli, Lucas Fonseca, Lucas Lisboa, Lucas Nini, Luciano de Santana, Lucília Brum, Luiza Sarturi, Marco Almeida, Marília Luara, Marla Cruvinel, Mateus Pires, Mauro Rodrigues Júnior, Monique Reimer, Naira Evangelista, Nathalia Bordallo, Nicole Queiroz, Osvaldo Júnior, Patrícia Maqueda, Patrícia Sardão, Paulo Eduardo Dornelles, Pedro Scripilliti, Rafa Nowascky, Rafael Felix, Rafael Garcia, Rafael Salem, Rafaela Ferreira Vaz Costa, Raquel Marcelino, Renara Maria, Renata Pádua, Rochele Olivio, Rodolfo Beserra, Rodrigo Albuquerque, Rodrigo Noll, Rondineli Domingos, Sabrina Ramos, Suzanne Silvestre, Tatiana Marquesini, Thais Moulin, Thalita Hansen, Thiago Nascimento, Túlio Silva, Valéria Custoias, Victor André Candido, Victor Carneiro, Victor Ferreira, Vinicius Januário, Viviane Nart, Wadson Calixto, Wesley Almeiday, Whill Silva, Will Ruivo.

FAÇA PARTE TAMBÉM DESSE EXÉRCITO:

alfredosoares.com.br/embaixadores

SUMÁRIO

PREFÁCIO
DE FRED TRAJANO

TODOS PRONTOS?

E u acredito, de verdade, que micro, pequenas, médias e grandes empresas, todos nós – varejistas apaixonados – podemos juntos gritar "Bora Varejo!" e fazer a diferença.

Ser parte da construção de um novo momento do varejo nacional me deixa muito honrado e, claro, com um enorme senso de responsabilidade. Estou me referindo a algo realmente desafiador, ao futuro de um setor que reúne quase 5 milhões de negócios – a maior parte deles de microempreendedores e pequenas empresas – e que emprega mais do que qualquer outro. Conversar sobre o futuro da nossa atividade é, portanto, falar sobre o amanhã de milhões de brasileiros, de nossa economia, de como podemos, de fato, transformar a realidade.

Eu já conhecia a história do Alfredo Soares, mas só recentemente tivemos a oportunidade de discutir estratégias que, depois de transformarem a experiência de compra em outros países, chegam aqui para impulsionar os varejistas nacionais em meio a uma crise sem precedentes.

Alfredo me contou a ideia central deste livro, um compilado de ensinamentos extraídos dos vídeos que ele promove com executivos numa rede social para levar conhecimento a uma nova geração de empreendedores digitais. Precisamos mesmo usar de todos os meios para analisar e popularizar essas boas práticas que transformam negócios, aumentam a base de clientes e geram receitas difíceis de alcançar no modelo tradicional. E aqui vai uma dica: essas práticas poderão fazer de você, leitor varejista, um vencedor neste novo mundo ao qual fomos submetidos.

A lógica é se reinventar sempre. Se hoje o Magalu é citado como exemplo de companhia que não era nativa digital e se tornou referência de tecnologia em seu segmento, tudo passou pela consciência de que era preciso uma verdadeira revolução dentro da companhia a cada ciclo. No Magalu, o que não muda é que a gente sempre muda.

Para quem não está tão familiarizado com a nossa história, tudo começou há mais de sessenta anos, lá em Franca, no interior de São Paulo, com uma pequena loja física. Com um modelo de negócio baseado exclusivamente nela, levamos quarenta e três anos para faturar R$ 1 bilhão. Foram necessários dez anos para conseguir o mesmo resultado com o comércio eletrônico. Em apenas três anos, fomos muito além com o nosso marketplace: em 2019, foram R$ 3 bilhões em vendas. São 26 mil *sellers* ativos, indústrias e varejistas dos mais diversos tamanhos, origens e especialidades vendendo on-line. Não paramos de abrir lojas físicas. Ao final de 2019, a empresa operava 1.113 delas, distribuídas por 819 cidades, de 21 estados.

Bora varejo é sobre essa cultura da transformação digital que vivi tão de perto e que, certamente, ditará o futuro dos nossos negócios. É o meio de chegar lá. E, quando me refiro a "lá", estou falando daquilo que muitos acreditam ser o futuro, mas que já é realidade e será cada vez mais parte da vida de todos nós.

Livros como este são fundamentais para transmitir essa importante mensagem a milhares de varejistas em todo o Brasil. É uma leitura obrigatória para aqueles que ainda se perguntam se precisam mesmo levar seus negócios para o mundo virtual. Sim, precisam. É um movimento de sobrevivência inexorável, e está ao alcance de todos.

A partir do "novo normal", explicado por Alfredo no capítulo 1, eu desejo que você possa trilhar o caminho de transformação e chegar lá, naquele último capítulo da história de qualquer um (e também deste livro), que é deixar um legado para a sociedade.

Não tenha medo, vamos lá... Bora Varejo!

— Fred Trajano, *CEO do Magalu*

Os negócios brasileiros têm que digitalizar. Não é mais uma escolha, é obrigação!

@magazineluiza
@alfredosoares @boravarejo

INTRODUÇÃO.
TANTO FAZ VAREJO OU COMÉRCIO. O NEGÓCIO É TER CLIENTES

FEVEREIRO, 2020

A sua vida, assim como a minha, segue a rotina de sempre. Obrigações profissionais associadas a compromissos sociais vão caminhando lado a lado. Nas empresas, o planejamento anual foi feito e está começando a ser executado, os cenários foram projetados e as metas, determinadas. No trabalho ou no âmbito pessoal, ninguém nunca tem tempo para nada, como em qualquer ano antes deste. As empresas já começaram a colocar o planejamento em prática, e quem é vendedor agradeceu, pois o Carnaval não caiu em março; o mercado, por sua vez, volta a aquecer mais rápido depois das festas de fim de ano.

Estava bem normal, né? Estava.

MARÇO, 2020

Uma doença, que surgiu no final de 2019 na China, se espalha pelo mundo todo. No dia 11 de março, a Organização Mundial da Saúde (OMS) declara uma pandemia, causada pela covid-19. Governos passam a traçar planos para proteger a população. Como ainda não existe um medicamento nem uma vacina para combatê-la, é urgente cuidar das pessoas, afastá-las do vírus enquanto a ciência estuda o que está acontecendo e busca uma solução para a sociedade. Entre as medidas adotadas está o distanciamento social, ou seja, os indivíduos devem ficar em casa, saindo apenas em situações essenciais. É decretado o fechamento de escolas e do comércio. No mundo inteiro. Uma crise sem precedentes, varrendo como um tsunami aqueles projetos tão bonitos desenhados pelas empresas. Shopping centers são fechados e as ruas, esvaziadas; o home office é adotado numa tentativa de diminuir a circulação humana.

A doença, que havia pouco tempo não era conhecida, se transformou no maior desafio social das últimas décadas. De uma hora para outra, tudo aquilo que foi programado precisou ser refeito. E em questão de dias. A crise parece inevitável, porque, convenhamos, quem se prepara para uma pandemia mortal? Ninguém coloca isso no planejamento do ano. Até 2020, porque eu aposto que daqui para a frente toda empresa, por menor que seja, vai considerar um surto epidêmico como esse.

Tentamos lidar com a falta de contato social, o medo do vírus, a insegurança profissional e, ainda, equilibrar as tarefas do trabalho com a casa e a família. O mesmo aconteceu com as marcas. De repente, tudo precisou ser replanejado e, mais, reinventado. E em tempo recorde. Na Chilli Beans, líder em óculos escuros e acessórios da América Latina,[1] não foi somente a estratégia financeira, agravada pela alta do dólar, que teve de ser refeita. Todo o planejamento de lançamentos, marketing, relacionamento com o cliente e fortalecimento da relação com os franqueados foi reformulado em três dias de muitas reuniões. Não dava para esperar de braços cruzados ver o que iria acontecer. Caito Maia, CEO da marca, colocou toda a sua força e experiência e traçou um novo plano junto com a sua equipe.[2] Com tudo resolvido e com o cenário traçado, conseguiu canalizar suas energias em ser criativo. Sim, da criatividade é que nascem os maiores insights para novos negócios. Assim como ele, vários empresários precisaram se reinventar. Desde grandes marcas até o pequeno comércio de bairro e as médias empresas. Caito tinha certeza de que tudo daria certo? Claro que não, o que não o impediu de acelerar e seguir em frente. Varejo é isso. Ser atingido pela mudança de planos a qualquer momento, levantar rápido e olhar em volta, perguntando-se: "Como eu viro essa situação?".

Eu sei bem o que é seguir em frente diante de adversidades. Meu nome é Alfredo Soares e na minha trajetória já passei por

---

1 A MARCA. **Chilli Beans,** *site institucional. Disponível em: http://site.chillibeans.com.br/marca. Acesso em: maio 2020.*

2 *Caito Maia, em entrevista concedida ao autor em 9 de abril de 2020.*

Da criatividade é que nascem os maiores insights para novos negócios

muitos perrengues. E sucessos também (todos precedidos por perrengues). Eu comecei vendendo cartões de visita e fazendo sites quando ainda era adolescente. Ao longo da minha carreira, abri empresas, fechei outras, tive sócio, desfiz sociedade, fiz dívidas, mas nunca desisti. Até que criei uma plataforma que, ao ser vendida, muitos anos depois, rendeu um lucro milionário e levou minha carreira para outro patamar. Hoje sou sócio de uma das maiores empresas de e-commerce do mundo, a VTEX. No entanto, nada nasceu do dia para a noite. Foram doze anos de história.

No meu primeiro livro, o *Bora vender* (Editora Gente, 2019), contei a minha trajetória e como ter uma atitude empreendedora me ajudou na carreira. Eu tinha essa vontade de mostrar aos outros a importância da venda por influência e como montar uma loja virtual para começar um negócio na internet. Divulguei o conhecimento acumulado naqueles doze anos de batalha, porque eu sei que existe muita gente passando pelo que passei para levantar um negócio. Nada teria acontecido se eu não fosse um bom vendedor. Mais do que bom, eu era obstinado, a ponto de ser chato. Revelei que a jornada não é fácil, mas existem estratégias para passar por ela. Agora, no *Bora varejo*, trago para o leitor algumas experiências dos maiores empresários do varejo brasileiro. Vou compartilhar as estratégias para realizar a transformação digital de maneira acelerada durante a quarentena imposta pela covid-19 – e depois que ela passar, porque nada mais será igual.

ENCONTRO COMIGO MESMO

A quarentena não obrigou apenas as pessoas a encontrar um novo meio de trabalhar. Nós entramos em luto como sociedade por aqueles que ficaram doentes e pelos que perderam a vida. E quem continua respirando, de certa forma, perdeu um tipo de vida – a vida que sabia viver. Isso, ao mesmo tempo, obrigou a maioria de nós a se aprofundar internamente, a viver o próprio mundo e a se conhecer melhor. E essa profundidade é a melhor ferramenta para a evolução.

Pela incerteza e pela proximidade da morte, todo mundo ficou mais sensível, e comigo não foi diferente. Foi neste momento de autoconhecimento compulsório que revi a minha trajetória e descobri que precisava aplicar o desapego não só de coisas tangíveis mas também das emocionais. Pois digo com toda certeza, em um momento como o que vivemos, ou se sai melhor ou se sai pior. E eu tinha certeza de que não seria o mesmo depois desses meses. Logo no início, me preocupei muito e foquei em proteger a mim e a minha família. Nessa evolução, reavaliei alguns setores da minha vida e tomei decisões importantes, como terminar um relacionamento amoroso que descobri que já não tinha o mesmo significado. Foi a profundidade da quarentena que me fez enxergar essa realidade. Também foi a hora de adquirir novos hábitos imprescindíveis (como me virar minimamente na cozinha) e comprar um videogame. Era um pequeno passo para qualquer um olhando de fora, mas um salto gigante para uma pessoa como eu, que sempre fui tão expansivo. Eu sempre gostei de gente, de confusão, de estar com as pessoas, os clientes, a equipe. Confesso que, com as transformações que viriam a acontecer, quase não usei o videogame. Nos poucos momentos em que joguei, porém, tive a honra de dar boas surras no Tallis Gomes e no Anderson, meu amigo de infância. (Não poderia deixar passar a oportunidade de registrar isso aqui. Ganhei, sim!)

Assim como aconteceu com muitos, no começo fiquei preocupado e desmotivado. Estava dentro de casa e sem perspectiva de voltar a ter a mesma rotina de antes. Nesse período de encontro comigo mesmo, recebi duas mensagens que me marcaram muito. Uma foi do meu pai, Alfredo Maia, o responsável por me ensinar a ter atitude, sem deixar de lado meus princípios e valores. Ele dizia assim:

"Filho, liderar no sucesso e no lucro muitos fazem.
Liderar na crise e com desafios, só os competentes conseguem."

A outra mensagem foi do Mariano Gomide, CEO da VTEX e um dos principais executivos brasileiros:

"Está preparado? Você foi criado e foi treinado para este momento.
Influenciar as pessoas, ajudar as pessoas.
E esse momento chegou!"

Com as palavras dessas duas pessoas tão importantes na minha vida, vi que não poderia ficar paralisado. No mundo dos negócios, existem dois tipos de líder: aqueles que são ótimos comandantes quando o mar está calmo e os que crescem diante de uma tormenta. Eu sempre fui a segunda opção. E aí me perguntei: "Pô, por que eu não estou fazendo isso agora? Por que estou parado quando deveria agir?".

Decidi, então, parar de me autossabotar. Comecei olhando para mim. Marquei fisioterapia (precisava fortalecer meu joelho havia tempos e sempre adiava), me cuidei com as orientações do meu nutrólogo Thiago Volpi e escolhi revigorar meu lado psicológico e espiritual, em consultas que eu poderia fazer sem sair de casa.

Nessa busca, tive a ajuda e a cooperação de pessoas muito importantes. Uma delas é o fotógrafo Everton Rosa, o melhor retratista do Brasil. Antes mesmo de a pandemia ser declarada, ele conseguiu captar, por meio das lentes, as minhas preocupações. Ouvi dele: "Você não está satisfeito com o conforto e o conformismo deste momento". Escutei e absorvi.

Também tive o Alexandre Imperador, meu treinador de boxe, como grande incentivador. Treinando todos os dias, ele não foi só meu técnico, mas meu amigo, minha grande influência de positivismo e otimismo. Foi ele quem me incentivou a escrever este livro, botou pilha quando falei sobre a ideia de fazer lives. À noite me mandava mensagens pelo WhatsApp, alertando-me para não vacilar na alimentação. Vou falar a verdade: me senti o próprio Rocky Balboa quando viajou para a neve a fim de se preparar para a luta no filme *Rocky IV*.

Mas não parei por aí.

Nessa busca por um propósito maior em dias de muita incerteza econômica, eu senti a necessidade de dar minha contribuição para a sociedade, ser mais colaborativo e colocar a minha experiência profissional para ajudar o empreendedor brasileiro a passar pela crise.

Afinal, eu sempre me dei bem na crise. E tinha que liderar um novo movimento.

CONTRIBUIÇÃO PARA O VAREJO

Logo na primeira semana liberei a venda de *Bora vender* por R$ 1,99 na Amazon. A minha ideia era deixar a informação mais acessível ao maior número de pessoas. Lancei também um kit complementando o livro, um curso ensinando a montar um e-commerce grátis e o acesso à Loja Integrada, plataforma de e-commerce para lojas virtuais. O resultado foi compensador: 30 mil lojas virtuais criadas em um mês.

Surgiu, então, a ideia de fazer lives, ou seja, transmissões ao vivo pelo Instagram com os maiores empreendedores e empresários do país. Eu mesmo liguei para cada um deles para fazer o convite. Confesso que alguns foram bem difíceis, mas o resultado final foi animador. Reuni Mariano Gomide, da VTEX; Paulo Correa, da C&A; Renata Vichi, do grupo CRM (Kopenhagen, Brasil Cacau, Lindt e Kop Koffee); Caito Maia, da Chilli Beans; Rony Meisler, da Reserva; Nizan Guanaes; e tantos outros importantes nomes a fim de que contassem suas experiências e soluções para enfrentar a crise. Foram quatro semanas trocando conhecimento em 92 lives e mais de 100 posts carregados de conteúdo. E, para finalizar, fiz o Bora Varejo Day, que aconteceu no dia 20 de maio. Fiquei 10h32min57s no ar em 14 lives com grandes nomes do mercado para discutir o futuro do varejo. O que eu aprendi com essa galera toda vale muito mais do que 100 lives, foi como viver 10 anos em um mês.

Ah, a quarentena ainda me rendeu uma cabeça raspada, mas essa história eu conto melhor mais para a frente.

Foi desse momento tão importante e da minha vontade de contribuir para o crescimento do varejo brasileiro que este livro surgiu. Ele também não estava nos meus planos. A minha ideia era lançar outro livro só em 2021, mas tudo mudou para mim e eu quis deixar registrado já. Foram apenas 25 dias para escrever esta obra. O *Bora varejo* nasce para marcar essa nova era na minha vida.

Veja bem: eu deixei a zona de conforto de lado, que me trazia uma sensação de segurança, para crescer. Claro que sem a quarentena eu continuaria a trabalhar, mas com certeza não lideraria tantos projetos ao mesmo tempo nem me exporia ao ponto que cheguei. Eu já tinha passado por tantas tempestades, mas havia alguns anos vivia uma vida quase previsível: administrando e crescendo o negócio, ampliando redes. Era tudo muito conhecido, por isso eu me sentia confortável. A quarentena me jogou de volta na floresta no meio da noite com um canivete na mão, o lugar onde já estive e do qual soube sair mais de uma vez. E dessa vez não era só eu que precisava atravessar o mato até chegar o amanhecer. Todo mundo estava na mesma. Eu adaptei meus negócios ao momento de restrição que estávamos passando e daí nasceram o Bora Varejo, o Exército Bora Vender, a G4 Lives; vieram novos patrocinadores, novas palestras, novo cargo na VTEX, novos *boards* e novas soluções para o e-commerce.

Eu criei essa jornada que marcará a minha história e a transforma daqui em diante. E, no fim, aquela quarentena que me entristeceu, me deixou introspectivo, se tornou um dos ciclos mais transformadores da minha vida.

E você? Já pensou no que a quarentena trouxe para a sua vida? Já pensou em como essa crise pode ser enriquecedora para aprender? Eu não estou romantizando esse período tão triste pelo qual estamos passando, mas é minha obrigação sacudir você para que reaja. O que está tirando disso? O que existia aí dentro de você que era desconhecido? O leitor pode até achar loucura, MAS A HORA É AGORA. Quando uma crise se instaura, é como se apertássemos o pause em determinados consumos, em comportamentos automáticos; quando tudo é retomado, porém, existe uma demanda reprimida, novos desejos foram criados – as pessoas reorganizaram as prioridades e querem viver mais do que nunca depois da privação. A crise, portanto, pode ser um dos melhores momentos para empreender. Não perca tempo. O que os grandes líderes ensinam – e você verá nas próximas páginas – é que não dá para ficar parado e esperar o dia seguinte. A crise tem data para acabar e quem se prepara sai na frente.

Tem uma marca? Já imaginou como posicioná-la? Já pensou como será depois que a loucura que enfrenta passar? Como pode se

Nós vamos compartilhar as estratégias para tirar a transformação digital do papel, mas saiba: nada mudou, só foi acelerado

aproximar dos seus clientes? Vou contar um segredo: vender não é só fazer caixa, não é só oferecer um produto na expectativa de receber algo em troca por ele. Essa era a posição do antigo comércio. Nesse tipo de negócio, o dono – o comerciante – escolhia o melhor ponto comercial para abrir a sua loja, fazia um estoque e aguardava o cliente comprar o que ele vendia, ou seja, o consumidor vinha até o produto.

Hoje nada mais é assim!

VAREJO CONTEMPORÂNEO

Os tempos são outros. O comércio como era feito antigamente perdeu espaço, abrindo caminho para o novo varejo. Nesse tipo de negócio, não é mais preciso ter a melhor loja do shopping para ser grande. Não interessa o que você vende. O importante é construir uma marca forte e conhecer a sua audiência. Isso significa que o foco está no cliente. Você precisa saber quem é ele, descobrir as suas necessidades e como pode ajudar a resolvê-las. Criar estratégias para se comunicar com o consumidor. A antiga máxima de que este ia até o produto deixa de ser verdade. Agora, o produto é que vai até o cliente. Realizar uma venda já não é a única finalidade. Vender tem a ver com relacionamento, com a experiência que o comprador tem ao entrar em contato com você e conhecer a sua marca. E, agora, mais do que nunca, tem a ver com confiança: o produto vai chegar na data? Vai estar bem embalado? A pessoa que realizou a compra vai se sentir segura, cuidada, por aquele negócio no qual decidiu gastar o dinheiro que hoje vale ainda mais? O pós-venda nunca foi tão importante. É uma questão de encantamento. A isso chamo de varejo contemporâneo. Quando compramos, estamos sempre em busca de uma experiência.

Na crise, o comércio baseado pelo ponto comercial perdeu sua importância e sofreu com a queda no número de clientes. Já aquele varejista que cuidou da sua audiência, fortaleceu valores, descobriu novos canais de venda, passou de forma mais assertiva pelos meses de isolamento social.

Outro ponto que conta a favor desse empreendedor é a transformação digital. Isso significa não ter apenas um e-commerce fortalecido, mas usar as ferramentas da internet para vender e estar perto do seu consumidor. Mídias sociais (Instagram e Facebook) ou WhatsApp são meios de atingir esse objetivo e se colocar próximo dele. Quem vende encantamento faz com que seu relacionamento com o cliente continue mesmo de longe, em conversas pelas redes, ao entrar em contato com ele por mensagem, oferecendo produtos que atendam ao momento, respondendo com prontidão àqueles que estão abalados emocionalmente e vivendo uma incerteza grande.

Vale lembrar que o e-commerce vem crescendo muito no Brasil. Segundo o estudo Webshoppers,[3] realizado pela Ebit/Nielsen em 2019, as vendas on-line aumentaram em 16% e movimentaram quase R$ 62 bilhões. Esse valor é quatro vezes maior do que o registrado em 2010, classificando esse tipo de negócio como uma das principais alternativas para escalar vendas.

No volume de pedidos, os resultados também são animadores. O estudo citado indica um aumento de 21%, em um total de 148 milhões de pedidos a um ticket médio de R$ 417. E mais: 10,7 milhões de novos consumidores chegaram ao mundo das compras digitais em um ano. A pesquisa ainda mostra que os sites de busca e as redes sociais são os principais caminhos que levam os compradores até as lojas on-line.

Com a quarentena, esse tipo de venda se fortaleceu ainda mais. Quem conhecia os seus clientes, já estava com um e-commerce montado, usando redes sociais no negócio ou criando novas estratégias para chegar até eles, com certeza se saiu melhor. Mariano Gomide,[4] CEO da VTEX, compara a reação à covid-19 com uma preparação para uma maratona, a corrida de 42 quilômetros de distância. Imagine só:

3 *EBIT/NIELSEN. Webshoppers, comércio eletrônico brasileiro, 41ª edição, 2020. Disponível em: https://www.ebit.com.br/webshoppers. Acesso em: jun. 2020.*

4 *Mariano Gomide, em entrevista concedida ao autor em 21 de maio de 2020.*

um corredor se preparou direitinho, fez seus treinos com regularidade e, quando estava prestes a cruzar a linha de chegada, foi obrigado a correr mais alguns quilômetros. Como se preparou corretamente, tomou fôlego e terminou a prova. Com o varejo na pandemia, aconteceu a mesma coisa. Quem estava preparado com essa visão de levar o produto até o cliente teve fôlego para seguir em frente.

Dá medo? Sim. No entanto, empreender é se jogar de cabeça no caos, achar que não vai conseguir, mas saber que no fim tudo dá certo. Use esse sentimento a seu favor para ressurgir, se reinventar. Na vida vencemos, mas erramos e perdemos também. Esse é mais um ciclo.

E não se assuste com a crise, afinal essa já é uma realidade do nosso país. "Se juntarmos a criatividade do varejista brasileiro com a velocidade de reação para implantação de novas estratégias, que foi exemplar, e as oportunidades que o mundo vai dar, teremos coisas muitos boas em 2021", me falou Mariano Gomide.

Entende agora por que é a hora certa de começar? Você não precisa ser gênio, basta ter atitude, coragem de executar e não perder a velocidade. Nada vem pronto, mas o conhecimento o ajudará a criar o caminho do seu próprio negócio. Estamos passando por isso juntos. E é minha obrigação – e um prazer – trazer para você, o mais rápido possível, informação privilegiada para superar essa crise. O varejo está longe de acabar, porque ele nunca acaba, só é reinventado por quem tem coragem de agir diante da tempestade. #BoraVarejo!

Quer assistir a todas as lives?
Utilize o QR code ao lado ou acesse
alfredosoares.com.br/g4lives

#BORAVAREJO

São em momentos difíceis que nascem as lendas.

@alfredosoares @boravarejo

1.

O NOVO NORMAL

Há muitos anos eu falo sobre a importância da digitalização nas empresas e como isso auxilia nos processos de produção, atendimento e crescimento. Não só na finalização de uma compra, mas em toda a cadeia do negócio. Qualquer negócio (qualquer um mesmo), seja de produtos, seja de serviços, pode se beneficiar de automação e conectividade. Algumas organizações já estavam passando por essa transformação, mas a quarentena de 2020 pegou todo mundo de surpresa, obrigando-as a acelerar o processo de digitalização. O que estava previsto para ser colocado em prática nos próximos anos foi rapidamente posto em ação em meses ou dias. No mercado, essa movimentação ficou conhecida como "um ano por mês", ou seja, as evoluções que poderiam acontecer no ano seguinte foram adiantadas e executadas em trinta dias. A conversa da grande maioria dos empresários antes da crise era que não valia a pena investir tanto no digital, pois a demanda ainda era pouca e desviava a atenção de onde estava saindo a maior parte do faturamento. Eu sinto dizer, mas esperar a procura acontecer para fazer qualquer coisa é a cara do erro. Você precisa criar o recurso para o cliente. Ele não vai bater na sua porta e sugerir que um sistema de CRM[1] seria muito melhor, vai? É obrigação do empreendedor oferecer isso.

Também houve disruptura em algumas empresas. Conheci uma companhia de seguros, sediada no Rio de Janeiro, com um perfil bem conservador, que na pandemia se viu obrigada a incorporar uma

---

[1] *Gestão de Relacionamento com o Cliente (CRM) – traduzido do inglês* Customer Relationship Management.

Qualquer negócio pode se beneficiar de automação e conectividade

nova rotina, considerada inviável poucos meses antes. Fechamentos de contrato em São Paulo, por exemplo, só eram permitidos em reuniões presenciais. Os executivos tinham de fazer, pelo menos, duas viagens para a finalização do projeto. Agora, o processo é 100% on-line. A assinatura de contratos também passou a ser digitalizada, por meio de um aceite por SMS. Vitor Escocard,[2] especialista em seguros e planejamento financeiro, esteve à frente dessas mudanças: "Em menos de um mês, conseguimos aprovar internamente um modelo de negócio 100% digital. E não havia nenhum plano para que isso acontecesse nem no próximo ano. Também criamos uma metodologia para prender a atenção do cliente durante a reunião on-line. Aprendemos quando fazer a apresentação do projeto e o timing para voltar a falar diretamente com o cliente, olho no olho, sem dispersar a atenção. E aprendemos testando. Antes, os treinamentos aconteciam duas vezes por mês. Assim que a quarentena chegou, passamos a fazer duas reuniões por dia até encontrar o melhor método para falar com nosso cliente". A proposta deu tão certo que, em abril, a equipe bateu o recorde de apólices emitidas. "Eu consigo estar em São Paulo, Vitória e no Rio de Janeiro em uma manhã. Nós reduzimos custo, tempo, profissionalizamos o modelo de vendas e aumentamos a produtividade. E todos trabalhando de casa", ele me contou.

Nessa correria eu vejo um saldo positivo. A necessidade de as empresas acelerarem seus processos mostrou a alta capacidade de reação do empreendedor brasileiro. E não foram apenas as grandes. Eu vi lojas pequenas acharem meios de se aproximar digitalmente dos seus clientes. Muitas imediatamente colocaram placas com número de celular na porta para fazer entregas para os clientes do bairro, responderam a seus clientes, atenderam mesmo sem saber como fazer isso de início e mantiveram seus relacionamentos. Fosse ligando

---

2 *Vitor Escocard, em entrevista concedida ao autor em 27 de maio de 2020.*

para contar como estavam trabalhando ou apenas para saber como o consumidor estava e se colocando à disposição, fosse mandando uma mensagem pelo WhatsApp ou por meio das mídias sociais.

Com criatividade, empreendedores conseguiram bons negócios e mantiveram o emprego de muita gente e a continuidade dos seus legados. Prova disso é a demanda pelos serviços de entrega. Com a obrigatoriedade do fechamento das portas, empresas de bairro se viram na necessidade de criar alternativas. Olha só: o Rappi registrou, logo nos primeiros dias da quarentena, três vezes mais procura do que nos meses anteriores.[3] Isso prova que mesmo os consumidores que antes não tinham o hábito de usar serviços digitais acostumaram-se com esse sistema. Até minha mãe começou a pedir comida pelo aplicativo. E a tendência é que esses clientes incorporem esses novos hábitos para o longo prazo. Na era pré-covid-19 – antes de 16 de março de 2020 –, o mercado virtual de compras tinha 16% de novos compradores. No pós-covid-19, saltou para 20% em relação aos meses anteriores. A tendência é continuar crescendo.

Se fatiarmos esses números em áreas, vemos que em alguns nichos o aumento foi ainda maior. Em autosserviço, que incluem os supermercados, há 31% de novos consumidores.[4] Quer outro exemplo? No Dias das Mães, todos os recordes de venda no e-commerce foram batidos. Por isso, digo que esse período ficará marcado pelo distanciamento social e pela aproximação digital. Você tem alguma dúvida?

Não há como negar essa nova realidade. O e-commerce ainda tem um potencial gigante no Brasil. O Tiago Baeta, fundador e editor do *E-commerce Brasil*, me passou um dado interessante: o e-commerce brasileiro representa apenas 5%[5] das compras no

---

3 PRESIDENTE da Rappi: Demanda por serviços em aplicativo de entregas triplica na pandemia. **Jovem Pan**, 16 abr. 2020. Disponível em: jovempan com.br/programas/jornal-da-manha/demanda-servicos-entregas-triplica.html. Acesso em: maio 2020.

4 EBIT/NIELSEN. Webshoppers, comércio eletrônico brasileiro, 41ª edição, 2020. Disponível em: https://www.ebit.com.br/webshoppers. Acesso em: jun. 2020.

5 MENDONÇA, Camila. E-commerce cresce, mas mantém mesma representatividade no varejo geral. **Novarejo**, 4 abr. 2018. Disponível em: https://www.consumidormoderno.com.br/2018/04/04/e-commerce-cresce-mas-representatividade-no-varejo-fica-estavel/. Acesso em: jun. 2020.

varejo, enquanto a média global é de 15,5%.[6] Veja só a enorme onda de oportunidades que ainda temos para surfar! Nós ainda estamos crescendo muito, existe muita gente descobrindo o e-commerce agora, percebendo as vantagens e facilidades que esse modelo oferece. Por exemplo, quando falei do autosserviço: uma pessoa que não tem carro antes ia ao supermercado diversas vezes para conseguir carregar tudo de que precisava. Hoje, pedindo, ela consegue receber tudo de uma vez. Resta dúvida de que continuará pedindo, pela internet, seus itens pesados como bebidas, produtos de limpeza, cereais?

O que leva à pergunta que eu mais recebi nesses meses: seria esse, então, o novo normal? Sinceramente, eu ainda não sei. O que sabemos é que varejo não será mais só o físico ou só o digital ou apenas uma oferta de produtos ou de serviços. Será a junção de todos esses elementos. E tem mais: com a mudança do mercado, vamos viver com mais intensidade a era do relacionamento. A mais importante ferramenta de venda é ouvir seu cliente.

OS SETE PILARES DO NOVO NORMAL

O ano de 2020 já está consagrado como o tempo da readequação e da aceitação. Não dá mais para viver como vivíamos antes, temos que nos readequar todos os dias diante dos desafios que a quarentena impõe. Essa observação partiu da minha reflexão da quarentena, do aprofundamento comigo mesmo. Também vi que no novo normal temos que aceitar as situações da maneira como elas nos são apresentadas e tirar o melhor proveito de tudo que acontece ao nosso redor. Foi isso que fiz ao entrevistar os grandes empresários. Durante as conversas constatei ensinamentos importantes e consegui enxergar pontos de concordância entre todos eles, os quais reuni e nomeei como os sete pilares do novo normal. O leitor vai conhecê-los a seguir.

---

6   THE SCIENCE behind the O2O retail strategy. *Infinity*, 17 jun. 2019. Disponível em: https://www.infinity.co/uk/resources/news-and-views/the-science-behind-the-o2o-retail-strategy. Acesso em: jun. 2020.

PILAR 1 – LEGADO

Legado é o que deixamos de exemplo para os outros ou aquilo que pode ser aproveitado no futuro. Legado é o que fica quando o fundador não está mais lá, é a marca daquele negócio. Nas empresas, criar um ecossistema forte, focado em agilidade, adaptabilidade e inovação, é um meio para chegar ao legado. Um exemplo é o que o Magazine Luiza fez, criando um sistema que permite que pessoas físicas sejam seus revendedores por intermédio de lojas virtuais personalizadas desenvolvidas dentro de uma plataforma da própria empresa. Essa cooperação funciona de todos os lados: a pessoa física, que vende um produto sem precisar de caixa ou estoque e sem preocupação

Não há como negar essa nova realidade. O e-commerce ainda tem um potencial gigante no Brasil

com pagamento e entrega, e o consumidor, que tem mais opções de compra. Na crise, esse programa se ampliou para o pequeno varejista. Ele pode subir o seu catálogo no marketplace do Magazine Luiza e vender por lá sendo um Parceiro Magalu, sem pagar nada por isso e sem ter nenhuma experiência com o e-commerce. Juntando os dois programas – pessoa física e pessoa jurídica –, a marca atingiu 1,4 milhão de pessoas com lojas publicadas vendendo para o consumidor final. Para mim, isso muda a forma de comprar e deixa um ensinamento para o que vem pela frente. Diversos varejistas grandes estão, neste exato momento, estudando como copiar o Magalu.

PILAR 2 – PROPÓSITO

Hoje nos acostumamos a falar muito de propósito, principalmente nas redes sociais. Desde gurus, passando por *coaches* e especialistas em gestão, todo mundo quer dar seu palpite sobre o que isso significa. Propósito é o motivo para se levantar todos os dias da cama, o chamado da alma, a essência de uma pessoa ou organização. É o que você veio trazer à mesa do mundo. As definições podem mudar, mas é unânime que propósito é o que separa negócios fortes de vulneráveis, líderes excelentes de capatazes, e divide também indivíduos realizados daqueles que não conseguem estar em paz consigo mesmos. Como não sou *coach* nem guru, posso dizer com segurança apenas a respeito do propósito no mundo dos negócios, no qual acredito que essa palavra ganha um significado ainda maior. O propósito de uma marca é entender como ela pode fazer a diferença e se tornar relevante e útil para os seus clientes. Como ela serve ao cliente, mais do que simplesmente atendê-lo? Para você ter noção, o propósito saiu das reuniões de planejamento estratégico e se tornou tão relevante para os consumidores finais que 77% destes esperam que as marcas contribuam mais para a sociedade em comparação com o que faziam no passado, e 82% consideram muito importante que empresas demonstrem alto grau de responsabilidade.[7]

A razão de ser da Natura, por exemplo, é comercializar produtos que proporcionem aos consumidores uma experiência harmônica na relação com o próprio corpo sem deixar de lado o propósito de preservação ambiental, manejo sustentável e desenvolvimento social.[8]

PILAR 3 – VERDADE

Para o grande publicitário Nizan Guanaes, agora, enfrentando a pandemia da covid-19, é a hora da verdade para as empresas.[9] É o momento de mostrar se você sabe ser verdadeiro com o seu consumidor, se pode ser transparente. O cliente não está mais interessado em saber se a marca tem a vitrine mais bonita ou mais chamativa; ele está

7 LEMOS, Francine. *O poder das marcas como propósito*. ***Meio&Mensagem***, 25 set. 2019. Disponível em https://www.meioemensagem.com.br/home/opiniao/2019/09/25/o-poder-das-marcas-com-proposito.html. Acesso em: maio 2020.

8 *João Paulo Ferreira, CEO da Natura & Co, em entrevista concedida ao autor em 21 de abril de 2020.*

9 *Nizan Guanaes, em entrevista concedida ao autor em 6 de abril de 2020.*

#BORAVAREJO

Quem quer competir na chuva, treine na tempestade.

@pablomarcal1
@alfredosoares @boravarejo

preocupado com a cadeia, ou seja, como um produto é produzido, se os fornecedores e funcionários são respeitados, e até mesmo com o lucro nas peças, se sua vida e a da sua comunidade são preservadas. Eu lembro que houve um boicote grande a uma rede internacional de moda *fast fashion* quando o público descobriu que na produção havia exploração de trabalho escravo. Isso tira a credibilidade da marca, pois ninguém quer comprar algo que foi feito custando a vida de alguém. Ninguém quer algo barato porque custou outro ser humano. Por outro lado, mostrar a verdade reforça a empresa. A Reserva é uma marca que deixa seu *markup* transparente. De que forma? Quando você compra uma peça, recebe a nota fiscal e um cupom no qual estão descritos o valor de produção do produto, o custo operacional, impostos e a margem de lucro com aquela venda. O cliente se sente respeitado por ter acesso a toda informação, pode comprar com segurança e passa a confiar mais em marcas que são transparentes.

PILAR 4 - PESSOAS

São as pessoas, suas habilidades táticas e *soft skills* (habilidades comportamentais) que fazem as maiores empresas do mundo. O valor máximo de uma marca está nas pessoas, até porque, se acontece um imprevisto (digamos, uma pandemia) e ela não puder mais comercializar seu produto principal ou explorar sua praça principal, quem fará a pivotagem para salvar o negócio? As pessoas. Tudo, absolutamente tudo no varejo é sobre pessoas. E essa cultura precisa ser preservada reconhecendo quem está dentro do corporativo, mas também quem está do lado de fora. Se tem consumidor, tem varejo. Ele é o centro do seu mundo. Quem tinha fortalecida a cultura de olhar para as pessoas com o mesmo cuidado que olha para os números passou melhor por esse momento. A XP Investimentos, por exemplo, colocou todos os seus líderes usando sua capacidade e conhecimento para fazer lives diárias sobre economia e negócios, conversando diretamente com o seu público, apaziguando o desespero de quem via a Bolsa caindo, explicando o contexto nacional e internacional. Muitas indústrias criaram plataformas para vender direto a seus consumidores. Estamos vivendo a era da comunidade e os indivíduos fazem parte desse movimento. Ter um produto X, um cartão de crédito de um banco tal ou um celular da marca Y coloca as pessoas dentro dessa comunidade. E é preciso conhecer a comunidade e o que move seus membros. Vira uma espécie de crachá. E todos querem ter um.

PILAR 5 – OTIMISMO

A minha amiga Valéria Farhat Giannin me contou a seguinte história, enquanto eu escrevia este livro: "Dois vendedores foram mandados para a Índia por uma fábrica de sapatos para estudar o mercado. Depois de alguns dias, mandaram retorno para a empresa. O vendedor 1 escreveu: 'mercado inexistente, aqui ninguém usa sapatos'. O vendedor 2 escreveu: 'mercado excelente, aqui ninguém usa sapatos ainda'". Achei fantástico esse pensamento. Foi esse o otimismo exigido das empresas durante a pandemia. Foi necessário que elas se planejassem sempre pensando num horizonte melhor, de que tudo ia dar certo, porque iam trabalhar por isso. Ao contrário do que muita gente pensa, ser otimista exige muita análise da realidade; é preciso encarar o cenário adverso de frente. Isso significa até tomar alguma atitude mais difícil, como demitir uma parte da equipe. Veja bem, isso não é ser mau. É ser justo e pragmático em um momento de crise. Não adiantava ser apenas positivo. Quem só vê o lado bom das situações não se prepara para cenários adversos. É o famoso "relaxa, tudo vai dar certo".

PILAR 6 – LEALDADE

Lealdade tem a ver com honra e princípios. Nesta quarentena, ficou evidente a importância de ser leal com a sociedade em que se vive e consigo mesmo. A sua verdade precisa prevalecer nas relações. E no trabalho também. E os erros e traições se tornam públicos rapidamente, sem perdão. Estamos, afinal, na era do "cancelamento" nas redes. Os usuários das redes sociais se unem rapidamente para revidar empresas ou pessoas que são incoerentes com seus princípios ou com o seu discurso. E, mesmo quando parece que manter o *status quo* pode ser o mais lucrativo, não se engane: a verdade sobre suas práticas sempre vem à tona, e no final sai caríssimo corrigir uma crise de confiança. Tenho um amigo que enxergou que a empresa em que trabalhava não estava alinhada com o que ele acreditava ser certo, não tinha as mesmas virtudes que ele, e isso gerava um mal-estar imenso. O resultado foi que mesmo no meio de uma crise ele preferiu sair. Ele foi leal consigo mesmo. A escolha foi difícil, mas a sensação de estar no caminho certo é o que nos deixa dormir todas as noites. Não abra mão dela.

PILAR 7 – SOLIDARIEDADE

A maioria das marcas se engajou em projetos sociais a fim de ajudar aqueles que estavam passando por necessidades. No entanto, ser solidário não é só fazer doação. É usar o seu poder de influência e a responsabilidade social para proteger as pessoas; mais do que a doação, você precisa enxergar se tem poder se corrigir injustiças e agir sobre isso, porque todos os seres humanos são vizinhos dentro da aldeia global. A Reserva tem a cadeia de fornecedores toda baseada no Brasil, e o Rony Meisler se preocupou em mantê-la para não matar essa cadeia produtiva. A Singu, especializada em delivery de serviços de beleza e bem-estar, abriu mão dos lucros e criou um fundo para auxiliar financeiramente as manicures que não podiam trabalhar durante a pandemia. A farmacêutica Cimed, especialista em medicamentos genéricos, parou uma linha de produção para fabricar álcool em gel, que foi doado para a população. Eles aceitaram o momento e viveram a colaboração com seus parceiros, funcionários e colaboradores. A solidariedade é essencial para que a humanidade sobreviva como civilização.

Agora você já conhece os sete pilares do novo normal. Chegou a hora de se agarrar a essas ideias e levá-las para o seu negócio. Readéque o que for necessário, refaça seus planos se for o caso, mas não os perca de vista. Estamos longe de viver o melhor momento da nossa vida, mas podemos aproveitar esses tempos de reflexão e aprender ensinamentos poderosos com esses grandes líderes. Não perca tempo!

Quer assistir a todas as lives?
Utilize o QR code ao lado ou acesse
alfredosoares.com.br/g4lives

#BORAVAREJO

É preciso mudar a sua mentalidade para enxergar novas oportunidades.

@alfredosoares @boravarejo

#BORAFAZER

Escreva os top 5 insights que você pegou neste capítulo para começar a aplicar hoje

1. _____

2. _____

3. _____

4. _____

5. _____

2.

GESTORES DA CRISE: PRINCIPAIS ESTRATÉGIAS DE CONTINGÊNCIA

Quando as restrições de distanciamento social impostas pela pandemia foram anunciadas e as empresas precisaram fechar seus pontos físicos de um dia para o outro, eu tenho certeza de que a primeira pergunta dos gestores foi: "E agora?". Bateu o desespero. É normal, mas ficar desesperado tem data de validade. O que eles precisaram fazer foi aceitar o momento e criar estratégias para passar por ele. Eu digo, portanto, que empreender não envolve só fazer negócios. É um estado de espírito, um ânimo para estar pronto para responder ao que lhe for lançado – e todo dia há alguma novidade na vida do empreendedor, com ou sem pandemia. É necessário saber potencializar as ocasiões boas e administrar aquelas que não são tão favoráveis.

Uma das minhas missões de vida é digitalizar o varejo brasileiro – o que, com as lojas fechadas, se tornou uma solução urgente para continuar as vendas e salvar o caixa das empresas. O varejista tem que usar a internet para vender, e não ficar esperando para vender pela internet. Os negócios que correram para adaptar seus processos logísticos e centralizar as operações no ambiente digital tiveram ótimos resultados.

No Grupo Arezzo&Co, detentor de sete marcas (Arezzo, Schutz, Alexandre Birman, Anacapri, Fiever, Alme e Vans), uma das soluções encontradas foi transformar todos os funcionários, todos mesmo, até o CEO Alexandre Birman, em *sellers*. Eles se tornaram vendedores das marcas por meio de *vouchers* com descontos exclusivos, fazendo divulgação em suas redes, cada um na sua bolha, mas com um poder de disseminação por serem pessoas confiáveis para os seus

Empreender não envolve só fazer negócios. É um estado de espírito, um ânimo para estar pronto para responder ao que lhe for lançado

contatos. Em duas semanas, esse grupo vendeu R$ 1 milhão.[1] E a comissão virou um fundo de apoio aos vendedores das lojas que estavam sem remuneração completa por causa do fechamento do comércio físico. O leitor se lembra dos pilares do novo normal do capítulo anterior? Quantos você conseguiu contar aqui? Todos!

Outra frente atuou junto às multimarcas e aos franqueados. Apesar de já incentivar a *omnicanalidade*, existia uma resistência dos lojistas quanto a isso. Nessa estratégia, você unifica todos os canais – web, aplicativo, redes sociais, e-commerce, lojas físicas – e oferece uma experiência única ao cliente. Ele não precisa se preocupar com nada; o seu sistema vai atendê-lo em todos os ambientes possíveis, sempre conectando as informações. Na quarentena, os pontos físicos viraram *ship from store* (na tradução, remessa da loja), disponibilizando o estoque para as entregas, e os vendedores fizeram negócios on-line. Com essas iniciativas, o crescimento foi de 400%. Quem já trabalhava no sistema de omnicanalidade conseguiu atender ao crescimento da demanda sem sofrer e sem cometer erros com o cliente, ganhando ainda mais fidelidade e retenção.

Usar a estrutura *ship from store* também foi a estratégia da Ri Happy, rede varejista especializada em brinquedos. Todas as lojas físicas, inclusive as dos shopping centers, se tornaram centros de distribuição. E os vendedores aprenderam a vender pelo

---

1 *Alexandre Birman, CEO da Arezzo&Co, em entrevista concedida ao autor em 29 de abril de 2020.*

Instagram e WhatsApp rapidamente. Afinal, as crianças estavam presas em casa, assim como os pais – que precisavam administrar uma creche e um home office no mesmo lugar –, e a necessidade de distrações para os pequenos era urgente. Era uma onda que a Ri Happy não poderia perder.

O Grupo CRM (Kopenhagen, Brasil Cacau, Lindt e Kop Koffee) conseguiu pivotar e criar um plano que mudou a Páscoa, mesmo com todas as lojas fechadas. E seu negócio era, predominantemente, baseado no ponto físico. Pivotar é quando você enxerga que o seu negócio pode e deve ser diferente para atingir o sucesso pelo qual está trabalhando. Você vê as falhas, verifica o que melhorar e muda a direção. Isso dá trabalho e pode significar até mesmo se desapegar daquela ideia que parecia incrível ou do jeito que você achou ser o certo a trabalhar por décadas. Pivotar é desapego, e vale a pena. Acredite: quando o caos acontece, é preciso reagir e entender para onde vai o negócio a partir daquele momento. Leve isto como um mantra: "Faça rápido. Erre rápido. Aprenda rápido. Refaça rápido". Deixe para trás o mundo que não existe mais, os hábitos que seu cliente não tem mais. Não precisa esperar uma pandemia para isso.

A CEO Renata Vichi implementou um plano que fortaleceu a relação entre o franqueado e o cliente e que teve como principal alvo mostrar ao consumidor que o produto poderia ir até ele. Uma das ações foi a parceria com serviços de delivery como Rappi, Uber Eats e iFood. Com isso, as marcas ganharam mais um canal de venda e entrega (já que as lojas também tinham esse serviço próprio). O trabalho de divulgação foi um grande diferencial, porque mostrou ao cliente que as vendas continuavam, dando-lhe segurança. A Páscoa ia acontecer, tão inesquecível quanto deveria ser. O grupo também se preocupou em treinar, em poucos dias, os franqueados a usar as mídias sociais e o trabalho de microinfluenciadores para fazer marketing e impulsionar as vendas. Junto a isso, criou atração, disponibilizando mais de 5 mil peças de publicidade para os franqueados ativarem as mídias sociais e o WhatsApp.[2] O programa de fidelidade, que já existia e tinha 2 milhões de cadastros, também foi base para encontrar os clientes. Os usuários mais frequentes foram identificados e os franqueados

2   *Renata Vichi, CEO do Grupo CRM, em entrevista concedida ao autor em 30 de abril de 2020.*

conseguiram fazer uma entrega personalizada, ligando, mandando mensagens e criando aproximação ao enviar bilhetes nas sacolas de entrega desejando "Boa Páscoa". Isso é encantamento. Você está confinado, sem poder viver a vida que sempre viveu, e receber aquele pedido, aquele atendimento, é um respiro. Você se permite se sentir festivo por alguns momentos com aquele ovo de Páscoa brilhante, bem embalado, com um bilhetinho, que chegou à sua casa sem arriscar a vida de ninguém. Você recebeu uma daquelas pequenas coisas da vida que colocam um sorriso no rosto de qualquer um ou mandou um presente para quem não podia abraçar. Olha que oportunidade poder oferecer isso para um cliente.

O trabalho feito pelo Grupo CRM deu certo porque ele conseguiu mudar a mentalidade do franqueado, que deixou de ser um administrador e se tornou um vendedor. Para mim essa é a postura do varejo contemporâneo. Não dá mais para o varejo se comportar como um empresário que abre uma franquia e aposta que basta ter um bom ponto e uma marca forte que a venda acontece. No cenário atual, ele tem que ir até o consumidor, precisa antecipar necessidade e, principalmente, cuidar do relacionamento pós-venda. Porque, se trazer um cliente custa caro, perder é mais caro ainda.

DRIVE-THRU DE ROUPAS, PRODUTOS PET E COMIDA

O sistema de *drive-thru*, em que você busca o produto na loja, mas sem sair do carro, também foi adotado. Na C&A já é possível escolher essa possibilidade de entrega na hora da compra no site. Para essa ação, a rede plugou as lojas físicas a fim de ampliar a sua grade de produtos e aumentar a capacidade de entrega. Assim, conseguiu colocar o estoque à disposição dos clientes. A marca ainda distribuiu cupons de desconto para quem baixasse seu aplicativo durante uma inserção no programa *Big Brother Brasil*, da TV Globo, e também para seus funcionários, que poderiam anunciá-los em suas redes sociais. O envolvimento foi enorme. Em dois dias, mais de 3 mil posts foram criados no Instagram.

O mercado *pet* conseguiu se beneficiar desse sistema. Poucos dias depois do fechamento das lojas, a Cobasi implantou o Cobasi No Seu Carro. Pelo sistema, o consumidor compra pelo site. Ao chegar à loja, cerca de 45 minutos depois, só precisa clicar no botão "cheguei" – que

#BORAVAREJO

Para uma ideia maluca se tornar genial, é só ter uma crise no meio.

@alfredosoares @boravarejo

vem no próprio e-mail de confirmação de compra – para que o atendente leve o produto até onde ele estiver. Comodidade total, e uma experiência que encanta o usuário.

A rede Coco Bambu implantou o *drive-thru* em seus restaurantes. O cliente faz o pedido pelo WhatsApp e, ao chegar ao restaurante, informa a placa do carro para que o atendente o localize e entregue sua refeição. O pagamento é feito pela janela.

O que essas experiências mostram? Mais que entregar o produto, elas entregam comodidade e conveniência. O cliente não perde tempo, é respeitado e entendido nas suas necessidades; seu tempo é respeitado, pois ele tem pressa e precisa resolver muitas coisas numa situação adversa. E eu posso garantir para você: vender tempo é um dos grandes aprendizados dos últimos meses. Quem conseguir vender tempo, seja qual for o ramo de atividade, estará no caminho certo.

COLLABORATIVE COMMERCE

No mundo do varejo, é necessário ter criatividade para continuar reinventando uma atividade tão antiga quanto o comércio. Imagine que o ser humano começou a trocar na Pré-História, e quantas vezes o varejo precisou nascer e morrer até chegar aqui.[3] Isso significa que, em um momento de crise, é preciso pensar em soluções que atendam ao cliente, mesmo que isso saia do seu mercado típico. Na Romênia, a rede de moda Miniprix adotou o *collaborative commerce*, em que uma empresa integra produtos de outro segmento no seu e-commerce, otimizando as vendas e a distribuição. O *collaborative commerce* é uma tendência, pois permite ao varejista aumentar seu sortimento de produtos em outras categorias sem precisar fazer estoque – e ainda ajuda alguma empresa menor que não tem a sua capacidade de distribuição. A Miniprix reorganizou o seu e-commerce vendendo, ao lado das roupas, o segmento de maior demanda no momento, o de supermercados. E não precisou mais do que 72 horas para colocar esse sistema de pé.[4] Essa estratégia aumentou o volume de navegação em seu site e triplicou o volume de cadastros que a loja

3   WATSON, Peter. *Ideas: A History of Thought and Invention from Fire to Freud.* New York: HarperCollins Publishers, 2005.

4   *Mariano Gomide, em entrevista concedida ao autor em 28 de maio de 2020.*

tinha antes da quarentena. Provavelmente, isso vai fazer seu volume de vendas dobrar quando a crise passar.

CANAL DE COMUNICAÇÃO

A estratégia de contingência nem sempre está ligada à venda. Mas também em criar valor para a empresa atingindo seu público de uma forma com a qual ele não está acostumado – atingir positivamente, claro. A XP Investimentos escolheu transmitir informação fazendo lives diárias com seus gestores. Transformou-se em um canal de TV usando a sua estrutura para reunir empresários de diferentes segmentos, em um ambiente on-line, a fim de comentar o momento. A instituição financeira não vendeu nada, mas tinha um grande ativo que não era repassado aos clientes: informação, conhecimento. Ela usou a informação não como *core*, mas como um meio para atrair novos clientes. O seu posicionamento foi claro e transparente: a XP seria um canal fidedigno de informação sobre o mercado financeiro, o que confirmava que aquela corretora também era confiável para você deixar o seu dinheiro em um momento de incerteza.

NÃO ROLOU, DEU RUIM...

Se, por um lado, houve companhias com ótimos resultados, outras se deram bem mal na crise. E nem foi por causa da sua estratégia de vendas, mas por um posicionamento errado. E já discutimos como a lealdade e a verdade são importantes em tempos como este. Quando criei os sete pilares do novo normal, falei de verdade, pois os consumidores hoje se preocupam com a cadeia, com a produção, seu impacto, se os fornecedores e funcionários são respeitados. Quem se afastou disso tem meio caminho andado para ver seus números caírem drasticamente. Muitas empresas experimentaram isso na prática. Bastou um pronunciamento nas redes sociais falando que a covid-19 era um exagero e que iriam morrer "apenas" 5 ou 7 mil pessoas que o proprietário de uma rede de hamburguerias virou alvo de protestos na internet. Mais um exemplo da era do cancelamento, pois a internet não perdoa má conduta. Em um vídeo gravado, ele mostrou mais preocupação com a queda da economia do que com a preservação de vidas, alegando que as pessoas deveriam trabalhar porque o Brasil precisa de mão de obra. Ele pode até se desculpar ou tentar se retratar, mas o público não esquece a falta de solidariedade e lealdade com quem constrói e consome do seu negócio.

A repercussão foi tanta que o assunto ficou entre os mais comentados no Twitter e um boicote foi proposto. A situação ficou ainda pior quando, após prometer que preservaria seu quadro de funcionários, a rede demitiu seiscentas pessoas em plena pandemia. A lealdade, de novo. O episódio mostrou que não basta se adaptar à crise, mas é preciso ouvir o seu público, aproximar-se das suas preocupações e criar empatia com as situações críticas que afetam a sociedade. É necessário entender o novo normal e saber trabalhar com as regras dele. A crise passa, mas as novas regras vão permanecer.

O RESSURGIMENTO DA PERMUTA

Nos negócios, a economia criativa tem um papel fundamental. Esse conceito se refere às ações que são implantadas com os recursos disponíveis, resultando em ideias inovadoras e que geram valor econômico, como a permuta. Só que o antigo sistema de trocas se profissionalizou para atender aos negócios, ajudando-os de forma mais efetiva. O modelo básico – o bilateral – era aquele em que duas empresas faziam trocas entre si de produtos ou serviços de interesse para ambas. No entanto, já existem plataformas profissionais que permitem trocas multilaterais, em que várias companhias formam uma rede e trocam produtos e serviços por meio de créditos obtidos com a realização de cada negócio. Ou seja, uma empresa oferece seu serviço ou produto para a empresa X e pode usar esse crédito para comprar da empresa Y. Você não precisa trocar com quem necessariamente adquiriu a sua oferta. É um sistema que ajuda todo mundo e protege o fluxo de caixa, um dos problemas enfrentados pelo varejo e que se intensificou durante a quarentena.

A Permute,[5] especializada em permutas multilaterais, tem uma lista de setecentos afiliados em setenta segmentos diferentes e viu

---

5   *Alessandro Candiani, em entrevista concedida ao autor em 29 de maio de 2020.*

#BORAVAREJO

Conselho é bom. Exemplo arrasta.

@rony
@alfredosoares @boravarejo

Nunca se esqueça: negócio é risco

crescer a entrada de novos clientes em 79% nos meses de março, abril e maio de 2020 em comparação aos três meses anteriores. O CEO Alessandro Candiani considera que, além da necessidade das empresas de proteger o caixa, o fato de as pessoas terem mais tempo para pensar em projetos que estavam parados, como reformas, fazer mídias de divulgação e gerar lucro durante a crise, impulsionou esse crescimento. Já diria o ditado: "Quem tem grana não tem tempo, e quem tem tempo não tem grana". Tem-se muitas ideias e projetos para tirar da gaveta, mas a liquidez durante a crise é escassa. A Permute resolveu isso para a sua rede: pode usar o seu tempo e o seu potencial; os recursos você vai encontrar ali.

A permuta ainda é um meio para expor a sua marca, ganhar visibilidade e dá a oportunidade de fazer negócios com empresas às quais o empreendedor não tinha acesso ou que não conhecia.

GESTÃO FINANCEIRA TAMBÉM FAZ PARTE DA VENDA

Nunca se esqueça: negócio é risco. Não tem como fugir. Empreender é encarar o risco e segurar o frio na barriga, ou a dor de barriga, quando a maré vira. O essencial é que cada empresa entenda quanto risco consegue absorver, e qual risco é mais inteligente assumir naquele momento. Saber até onde ir e até quando ir. A gestão financeira ajuda o negócio a compreender esses gargalos e criar estratégias para fazer a gestão de vendas. Julian Tonioli,[6] fundador da Auddas Consultoria Empresarial, fala algo com o qual eu concordo: "as empresas quebram por falta de caixa, e não por falta de vendas". Quando a crise se instaura, portanto, a primeira medida é proteger o caixa. Julian ensina:

"A primeira coisa que o gestor tem que fazer em uma situação de crise é 'sentar no caixa' e ter uma visão absolutamente detalhada de tudo que entra e sai, e entender o porquê dessa movimentação. O empreendedor precisa ter uma visão clara de qual é o seu ponto de

---

6   *Julian Tonioli, em entrevista concedida ao autor em 26 de maio de 2020.*

equilíbrio em receitas e vendas e de qual é a sua margem e seu ganho em valores, em reais mesmo, por venda. Com esse número, ele pode calcular o seu volume – em quantidade de pedidos/itens – de vendas de equilíbrio e modelar todas as eventuais ações de venda".

Nessa análise, defina um valor mínimo para deixar em caixa – uma vez necessário, ele será usado se você tomar uma medida mais extrema, como demissão de uma parte da equipe – e comprometa--se a não ter menos que isso no banco. Importante: o valor deve ser suficiente para ser usado em rescisões e ainda sobrar para operar a empresa. Considere também antecipar alguns recebíveis, como cartão de crédito, mesmo que tenha de arcar com as taxas de antecipação. Avalie as linhas de crédito disponíveis para fazer uma reserva de caixa para casos extremos, mas não para pagar as dívidas de dia a dia. Em uma situação favorável você não precisará desse dinheiro e poderá pagar o empréstimo em poucos meses, somente com os juros desse período. Também veja se é necessário antecipar férias dos funcionários, cortar alguns benefícios como o vale-transporte (daqueles que estão em home office) e reduzir a jornada. E aproveite os benefícios dados nesse período pelo governo, como prorrogação de impostos. Só não se esqueça de que o valor será cobrado no futuro, portanto tem de se preparar para o vencimento posterior.[7]

Lembre-se de que, na gestão financeira, preço, margem e giro estão relacionados. E quem tem controle dessas condições tem força para criar estratégias a fim de se diferenciar do concorrente, até aproveitando alguma deficiência dele, e acelerar seu volume de vendas. O que o leitor pode fazer? Imagine a seguinte situação: você comprou produtos, ou seja, gastou dinheiro para fazer um estoque. Enquanto a mercadoria está guardada, seu dinheiro está parado; portanto, quanto mais rápido vendê-la, melhor será. Dar um desconto ou realizar uma promoção em produtos que não tiveram saída, estão encalhados, ajuda a acelerar essa venda. Você perde em margem, mas ganha em velocidade de vendas e multiplicação do volume delas. Fora que produto parado estraga ou sai de moda,

7   *Plano de Ação: Empresários vs COVID-19.* **Gestão 4.0**, *mar. 2020. Disponível em: https://gestaoquatropontozero.com/plano-de-acao-empresarios-vs-covid-19. Acesso em: jun. 2020.*

e você pode perder aquele investimento para sempre. É preciso ser um alquimista sempre equilibrando sua margem com o caixa. Isso mantém o negócio saudável. E muitas vezes diminuir a margem para vender mais cria fluxo de caixa e aumenta a eficiência do capital no negócio, sem precisar adquirir mais mercadoria.

Se você tem caixa, pode utilizar como ferramenta para alongar o prazo de pagamento dos clientes, algo muito propício quando as pessoas estão com dificuldades financeiras, e criar diferenciação dos seus concorrentes. Oferecendo uma condição melhor de pagamento, até a disputa de preço pode ser ganha. Porque o indivíduo muitas vezes quer ou precisa daquele produto agora, mas não tem todo o dinheiro, e você, com o seu caixa, se torna mais valioso do que um pequeno desconto para pagamento à vista. Mas tenha cuidado: isso só é possível se a sua gestão financeira estiver afinada. Portanto, debruce-se sobre o seu caixa, tenha o controle sobre ele. Isso vai ser fundamental para sua marca se tornar eterna.

Quer assistir a todas as lives?
Utilize o QR code ao lado ou acesse
alfredosoares.com.br/g4lives

#BORAVAREJO

Entenda as regras e use elas a seu favor por meio da atitude com criatividade.

@alfredosoares @boravarejo

#BORAFAZER

Escreva os top 5 insights que você pegou neste capítulo para começar a aplicar hoje

1.

2.

3.

4.

5.

3.

MARCAS PODEM SER ETERNAS, NEGÓCIOS QUEBRAM OU SÃO COMPRADOS

Eu não tenho dúvidas de que o cliente é o principal patrimônio de um negócio. No entanto, cada empresa tem o seu cliente ideal, descrito pelo ICP (*Ideal Customer Profile* – na tradução, Perfil de Cliente Ideal) como aquele que conhece a importância do seu produto e valoriza o que o produto oferece a ele. Quando você atrai o cliente ideal, precisa saber como encantá-lo; assim, aumenta as chances de recorrência de compra, gera mídia e indicação. Isso porque esse consumidor tende a conviver com gente do mesmo perfil. É só reparar ao seu redor. Você conhece pessoas do seu segmento, convive com elas. São como você, que trabalham onde você trabalha, que têm um salário no mesmo patamar do seu e costumam consumir produtos parecidos. Se você gostar muito de um produto ou serviço, provavelmente elas também vão gostar. E você vai indicá-lo a elas sem que a marca precise lhe pagar nada por isso. As indicações valem ouro nesse grupo: você exerce um papel de influenciador confiável e eles são *leads* qualificados. *Lead*, ou pista, é cada cliente potencial do seu negócio que descobre que ele existe; a partir daí, é seu trabalho informar e encantar esse indivíduo até a compra e a recorrência. Ele não vai ser conquistado com soluções preguiçosas como um desconto; precisa receber algo com muita percepção de valor para ele.

Ser assertivo para gerar valor ao cliente exige saber para quem se está vendendo, o que importa para ele, o que o ajuda no dia a dia, porque mesmo nas vendas B2B (*Business to Business*) você está lidando com pessoas, com tomadores de decisão.

Nesse momento, é importante agir com responsabilidade e visão estratégica. Quando se entende o cliente ideal, os problemas e as dores dele e onde encontrá-lo, é possível criar uma máquina de venda previsível.

Já o cliente errado é aquele que não é o consumidor do seu produto e só quis aproveitar uma oferta, ou que não está maduro o suficiente para aproveitar tudo que você tem a oferecer. Muitas vezes, será preciso demitir o cliente que não é o seu cliente ideal. Não se sinta mal por isso nem ache que está perdendo negócio. O cliente errado atrapalha seu crescimento, não lhe dá feedback construtivo nem indica o produto; ao contrário, ele só se preocupa com quem vende mais barato. Foque aquele que o ajuda a ser melhor, não apenas quem usa o serviço e o produto mais barato.

Eu mesmo já me deparei com clientes que não trazem crescimento para a empresa. Na época da XTECH COMMERCE, a plataforma de e-commerce que criei, tivemos de eliminar algumas pessoas da nossa carteira para dar foco naquele que seria o cliente ideal. Ele era o que valia o investimento de trabalho e dinheiro, porque traria outros empresários com o mesmo perfil para abrir um e-commerce na nossa plataforma. Não foi fácil, pois com uma base reduzida, de apenas cinquenta consumidores, passamos por muitos problemas na tentativa de agradar a todos, de atender a cada detalhe do que eles precisavam. Foi uma loucura. A clientela pedia algo e não sabíamos dizer não. Por essa razão, quando me perguntam qual é o segredo do sucesso, eu respondo: "Não sei. Mas o do fracasso com certeza é querer agradar todo mundo". Estávamos na estratégia certa de focar o cliente ideal, mas não sabíamos ainda o nosso limite, onde estava a nossa oferta de valor.

No entanto, como fazemos para conhecer nossos clientes? Há várias metodologias, mas eu destaco a análise RFM, do inglês *Recency, Frequency, Monetary Value* (Recência, Frequência e Valor Monetário). Trata-se de uma forma de segmentação da sua base de clientes de acordo com o engajamento deles com o seu negócio. Dessa forma, é possível agrupá-los para entender quem são aqueles que mais consomem o seu produto ou serviço, e os que menos consomem.

Para começar essa análise, defina o seu M, ou seja, o parâmetro que gera valor monetário para o seu negócio. No caso de um e-commerce, vamos definir o M como a compra que o cliente faz no site – pode ser uma roupa, por exemplo. Depois, classifique seus clientes com base na frequência (F) e na recência (R) em que compram no seu site. Vamos começar pela recência. Defina um período de análise no seu negócio – por exemplo, os últimos doze meses – e, então, analise as últimas compras feitas nesse período. Aquele com a compra mais recente, independentemente da frequência, recebe a nota 5, a maior. Em seguida, encontre quem comprou, pela última vez, há mais tempo nesse mesmo período e dê a ele a nota 1, a menor possível. Uma vez que tenha encontrado os clientes

Foque aquele que o ajuda a ser melhor, não apenas quem usa o serviço e o produto mais barato

com a maior e a menor nota definidas, então divida todos os demais nos cinco grupos, com base na mediana de tempo que um cliente fica sem comprar. Para isso, identifique o momento que divide 50% das suas compras nos últimos doze meses. Ele será o ponto central de divisão, o número 3. A partir daí, continue dividindo os clientes em grupos de acordo com o histórico de compras da sua própria base, determinando o que seria um cliente 2 e 4.

Agora, faça a análise da frequência de compras. O método é bem parecido com a recência. Dentro do período de doze meses, identifique o cliente com maior frequência (nota 5) e o com a menor frequência (nota 1). Encontre a mediana (3) e continue distribuindo os clientes de acordo com as notas para achar os diferentes grupos.

O próximo passo é combinar esses fatores em um quadro, em que você distribui os clientes de forma similar à imagem a seguir.

CID	Nome	Recência (dias)	Frequência (vezes)	Monetário (LTV)	R	F	M
1	Cliente A	3	6	540	5	4	4
2	Cliente B	6	10	940	4	5	4
3	Cliente C	45	1	30	1	1	1
4	Cliente D	21	2	64	2	2	2
5	Cliente E	14	4	169	3	3	3
6	Cliente F	32	2	55	2	2	2
7	Cliente G	5	3	130	4	3	3
8	Cliente H	50	1	950	1	1	5
9	Cliente I	33	15	2430	1	5	5
10	Cliente J	10	5	190	3	4	3
11	Cliente K	5	8	840	4	4	4
12	Cliente L	1	9	1410	5	5	5
13	Cliente M	24	3	54	2	3	2
14	Cliente N	17	2	44	3	2	1
15	Cliente O	4	1	32	5	1	1

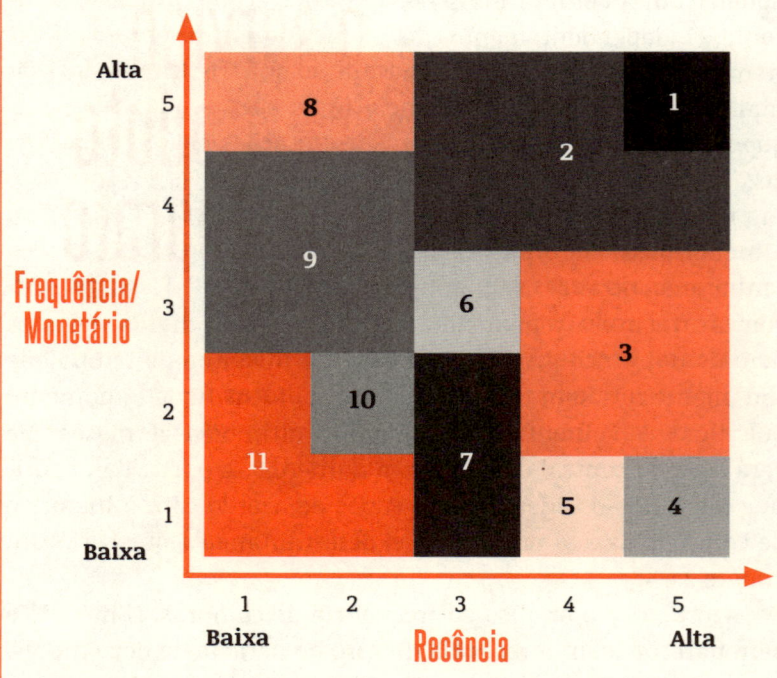

1. Campeões
2. Clientes fiéis
3. Fiéis em potencial
4. Novos clientes
5. Promessas
6. Clientes precisando de atenção
7. Quase dormentes
8. Não pode perder
9. Em risco
10. Hibernando
11. Perdidos

No quadro, você insere a lista de clientes, as análises de há quantos dias faz que eles realizaram a última compra no site (Recência), o número de vezes que fez compras no seu site (Frequência) e quanto gastou durante esses doze meses (Monetário). Acrescente as notas atribuídas a eles. Já no gráfico, distribua os clientes usando a recência de compra (R) no eixo horizontal e a frequência (F) no eixo vertical. Com o cruzamento desses dados, encontrará onze grupos de clientes, de acordo com a descrição do quadro. Por exemplo, um cliente com nota alta tanto no fator F quanto no R se enquadra no grupo 1 (campeões), enquanto um cliente que tem uma recência (R) alta e uma frequência baixa é classificado no grupo 4 (novos clientes).

Com essas respostas, pode criar estratégias focadas em cada grupo com o objetivo de levar todos para o grupo campeão, aqueles que compram várias vezes (F) e que compram sempre (R). Por exemplo: clientes que se enquadram no quadro 11 (Perdidos) são os com a frequência e a recência mais baixas. Para eles, provavelmente não faz sentido pensar em ações para aumentar a frequência de compras. Assim, o seu objetivo deve ser melhorar a recência (fazê-los se mover para a direita no eixo horizontal). Quanto a um cliente com boa recência, é interessante fazê-lo comprar mais vezes, aumentando a frequência. E, assim, você pode ir traçando os planos diferentes para cada grupo.[1]

Pronto! Você terá em mãos os elementos para escalar os investimentos que apresentarem os melhores indicadores. Mas até aí, provavelmente, já terá reconhecido seu cliente ideal e poderá focar seus esforços para fidelizá-lo.

CLIENTES *HATERS* E *LOVERS*

Mesmo conhecendo o seu cliente ideal, você não tem a garantia de agradar a todos. E nem deve ter essa pretensão. Ninguém consegue agradar a todos o tempo todo. O publicitário Nizan Guanaes tem uma frase que representa bem isso: "Você precisa ter *haters* para ter *lovers*". Porque sempre haverá uma pessoa para

---

1 *O QUE é a Matriz RFM? **Gestão 4.0**, dez. 2019. Disponível em: https:// gestaoquatropontozero.com/o-que-e-matriz-rfm. Acesso em: jun. 2020.*

Lover é um cliente que vira embaixador do seu negócio

criticar a sua marca, não importa o que você faça ou quão bom seja nisso. E, pode acreditar, isso é uma coisa boa, tem um lado positivo.

O *lover* é o consumidor que admira tudo o que a marca faz e a considera incrível, fica de olho nos lançamentos, se orgulha de fazer parte dessa comunidade e indica e propaga a sua mensagem sempre que tem uma oportunidade. O *hater*, por sua vez, reclama e questiona seu posicionamento, mostra descontentamento – com o produto ou com o posicionamento da empresa –, faz questão de ir até o fim por uma retratação ou reembolso, ou, às vezes, não tem sequer um objetivo! Só quer criticar, porque a internet, apesar de maravilhosa, criou essa cultura. Houve uma marca de moda que, em plena pandemia, colocou no mercado um *pack* com duas máscaras de proteção facial por R$ 147. A campanha gerou críticas nas redes sociais, afinal o preço médio de um produto desse tipo era R$ 20. Foi uma chuva de críticas, e eu tenho quase certeza de que não foram críticas de clientes fiéis. O fundador da marca foi categórico: "Compra quem quer". A repercussão foi tanta que o e-commerce bateu recorde de visitas diárias.

Para mim, ele estava lançando um produto que falava diretamente com o seu público, seu cliente ideal, que paga esse valor porque acredita na marca, nos seus valores, na qualidade daquela matéria, e faz parte do universo dos que a consomem, independentemente do preço; aliás, está acostumado a pagar caro e tem recursos para isso. Foi conquistado ao longo do tempo.

No entanto, toda história tem dois lados. A repercussão entre os *haters* foi tanta que a empresa decidiu tirar a campanha do ar, mesmo sabendo que quem criticava provavelmente nunca consumiu nada ali. O papel dos *haters* foi um alerta de que a campanha precisava ser repensada, e a marca absorveu esse aprendizado. Carlos Ferreirinha,[2] especialista em consumo de luxo, fala muito bem sobre a necessidade de as marcas ouvirem pessoas diferentes para terem uma visão mais abrangente das situações: "As marcas têm que aumentar o poder da fala interna. Precisam ouvir a diversidade, pessoas de diferentes posições e pensamentos, e se colocar em jogo, como se estivessem em um tribunal de justiça mesmo. Têm que estar preparadas para lidar com a reclamação e tirar algum proveito disso".

Os maiores problemas que envolvem as marcas geralmente acontecem porque os donos chegam a uma zona de conforto tão grande que acham que nada abalará seu negócio e que todos os seus projetos ou lançamentos serão bem-sucedidos. Muitas vezes reagem aos *haters* como um pai inflexível que manda todo mundo ficar quieto ou fazem pouco caso das suas reclamações, sem parar para prestar atenção ao que existe por trás daquelas queixas, o que existe de percepção sobre o seu produto, a sua campanha. Ouvir os *haters* ajuda a colocar os pés no chão, reavaliar atitudes e até pivotar, caso a situação obrigue. Ego não leva ninguém a lugar nenhum.

MARCAS COMO COMUNIDADE

Quando você consegue estabelecer um relacionamento com o consumidor, é possível trabalhar para que essa ligação seja tão forte que a marca vira uma comunidade. Isso acontece quando seus clientes deixam de ter uma relação apenas comercial com a empresa e passam a ser fãs que se identificam com seus valores. Quando uma marca constrói uma comunidade que os entende e preza pelos mesmos valores, ganha aliados poderosos que a apoiam mesmo em situações ruins. Passa a ter força no mercado e se transforma em um movimento com clientes fiéis para a vida toda.

O Gestão 4.0, o Bora Vender e agora o Bora Varejo são comunidades. Eu acredito que comunidades são organismos vivos: nascem de um movimento, encontram as suas próprias soluções e revelam seus próprios líderes, e vão crescendo juntas, aprendendo, mudando de patamar ou até mesmo de objetivo.

---

2   *Carlos Ferreirinha, em entrevista concedida ao autor em 20 de maio de 2020.*

Um exemplo é a Apple. Ter um celular ou um computador da Apple engloba pessoas que gostam de design e modernidade, representa status, reforça sua identidade e as insere em uma comunidade. Outro exemplo é a Harley-Davidson, que representa um estilo de vida compartilhado por todos os proprietários e amantes do veículo – os quais, inclusive, se reúnem em grupos de motoclube, viajam juntos, trocam informações, se encontram em bares. A Harley consegue gerar em torno do seu produto todo um *lifestyle*. O Nubank é outro modelo do que estou falando. A instituição, considerada a mais inovadora *fintech*[3] da América Latina,[4] conseguiu fortalecer tanto seus propósitos e suas verdades que os clientes se tornaram fãs dela, os quais têm orgulho de fazer parte da rede. O Nubank sempre estudou tudo o que incomodava os clientes de banco da era digital e trabalhou arduamente para atender a essas pessoas e conversar com elas, tanto que tem NPS 85, considerado o mais alto do mundo. NPS (*Net Promoter Score*) é uma metodologia criada pelo norte-americano Fred Reichheld, da consultoria Bain & Company, que identifica o grau de satisfação dos clientes de qualquer perfil de empresa. Em outras palavras, é uma das principais maneiras de descobrir quem são seus clientes mais leais e promotores, medindo grau de lealdade e satisfação com a marca. Por meio de uma pergunta simples – "De 0 a 10, quanto indicaria o serviço da marca para um amigo ou parente?" –, cria um *score* para classificar as empresas que vai de -100 (ruim) a 100 (excelente). Nessa escala existem os promotores (notas 9 e 10), os neutros (notas 7 e 8) e os detratores (notas 0 a 6) e, para calcular o valor do NPS você deverá mensurar a porcentagem de cada um desses tipos de perfil e subtraí-los, chegando a um número que varia entre -100 e 100. Assim, ter 85, como é o caso do Nubank, é um resultado incrível e mostra a lealdade de seus clientes. E esse resultado é para ser comemorado mesmo. De acordo com uma pesquisa realizada pela

---

3   *Fintech é uma empresa que oferece serviços financeiros com custos mais baixos que os bancos. (N. E.)*
4   *CHENG, Diana. Nubank é a empresa mais inovadora da América Latina, segundo a Fast Company.* **Money Times**, *21 fev. 2019. Disponível em: https:// www.moneytimes.com.br/fast/nubank-e-a-empresa-mais-inovadora- da-america-latina-segundo-a-fast-company/. Acesso em: jun. 2020.*

#BORAVAREJO

Varejo é o palco máximo da manifestação do consumo.

@carlosferreirinha
@alfredosoares @boravarejo

Customer Gauge,[5] em 2018, o NPS médio do setor bancário era 37 – muito abaixo do conquistado pelo Nubank.

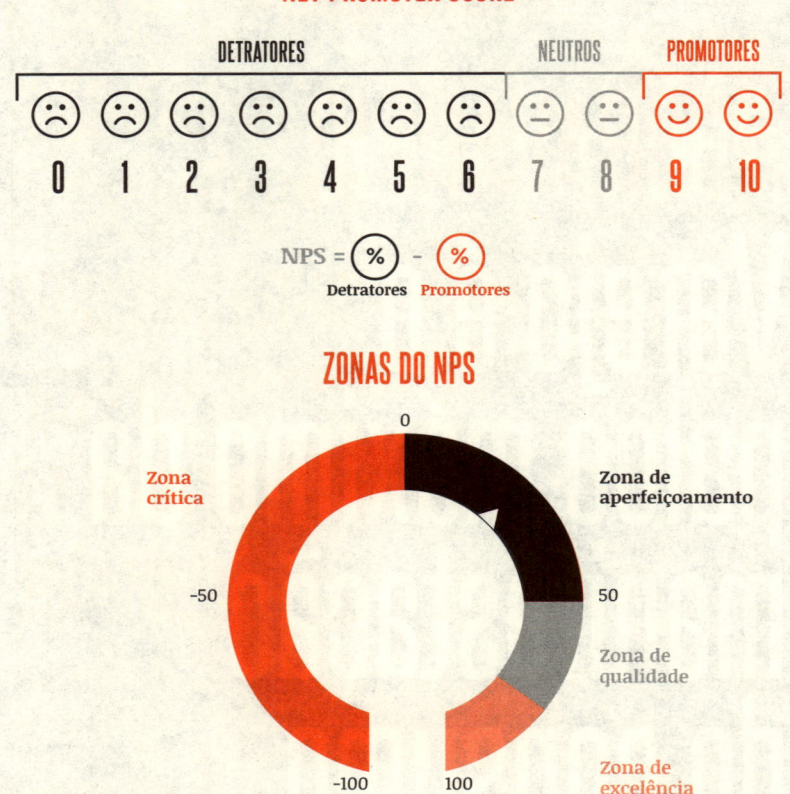

EMPRESAS SÃO VEÍCULOS DE COMUNICAÇÃO

Até pouco tempo atrás, era certo os planos de mídias das empresas orçarem a inserção da marca em um intervalo entre programas da televisão ou um anúncio em jornal ou revista de circulação nacional. Quem não planejava ao menos sonhava com isso como a única maneira de atingir seu público e fazer a marca crescer. Quando aparecia na televisão, o investimento era alto, mas o retorno era mais alto ainda, então esses anúncios caríssimos

---

5   *CUSTOMER GAUGE. The 2018 NPS & CX BENCHMARKS REPORT. Disponível em: https://customergauge.com/benchmarks-report. Acesso em: jun. 2020.*

eram o sonho de qualquer empresário. Hoje a história não é bem assim.

Sim, eu sigo acreditando na comunicação como o verdadeiro poder de uma empresa, mas a mídia paga deixou de ser o foco central das estratégias de marketing. Com a velocidade da informação, uma tendência hoje pode simplesmente desaparecer em alguns meses – ou semanas. E aquele tempo que você passou planejando o anúncio e investindo para que ele circulasse pode se perder em questão de minutos. E mais: também leva tempo saber o resultado que uma mídia tradicional gerou. Há outros meios de se comunicar com o consumidor, e você ainda consegue feedback imediato. É uma

A digitalização transformou a comunicação e mudou a maneira como as marcas se relacionam com o consumidor

questão de estratégia e, claro, de deixar a mente aberta para novas possibilidades. A digitalização transformou esse ambiente em multimídia e mudou a maneira como as marcas se relacionam com o consumidor, que, por sua vez, sente-se mais próximo ou deseja estar mais conectado com as marcas – e não tem medo de dizer para elas o que pensa.

Em maio de 2019, quando a VTEX trouxe o ex-presidente norte-americano Barack Obama para uma palestra no VTEX Day, maior evento de inovação digital da América Latina, a repercussão foi maior do que se tivéssemos pagado uma inserção publicitária no melhor intervalo comercial da TV de maior audiência do país. Em vez de colocar dinheiro na mídia paga, resolvemos gastar nosso orçamento trazendo o Obama, que é uma figura pública de altíssima popularidade. Nosso objetivo foi alcançado: o assunto foi comentado por todo mundo e praticamente todos os portais de notícia cobriram o evento e falaram da presença do ex-presidente norte-americano. Fomos chamados de loucos? Sim! O que o Obama tem a ver com e-commerce? Muito pouco, mas ele é um líder admirado pelo nosso cliente ideal, está alinhado com os nossos valores e o nosso discurso de inovação e gera conversa e *buzz* na imprensa. Sabíamos exatamente o que estávamos fazendo.

Essa capacidade de se comunicar com o mercado faz a empresa ganhar referência de voz e ter domínio da sua própria audiência. Um artista, por exemplo, não precisa mais da mídia para se comunicar com seu fã. Ele usa o Instagram, o Facebook, o TikTok ou faz uma live no YouTube. O mesmo pode ser feito por uma marca. Se ela quer anunciar uma nova coleção ou uma promoção, pode fazer isso por meio das mídias sociais, pois domina a sua audiência. E o poder está na mão de quem tem audiência e sabe conversar com essas pessoas. Conversar é dizer, mas principalmente ouvir e prestar atenção.

As marcas, portanto, precisam se tornar meios de comunicação de suas próprias peças para atingir de maneira mais assertiva o seu cliente – um blog dentro do site da empresa criando conteúdo relevante, uma *newsletter* com notícias exclusivas que o cliente recebe por e-mail, uma oferta personalizada de acordo com as preferências dele, um post com microinfluenciadores nas redes sociais, a oferta de conteúdos que não são propagandas, mas informação de interesse do consumidor, ou entretenimento que o faça rir, se emocionar, a partir daquilo que você cria nas suas redes de relacionamento com ele. Quando conseguem engajar seu público dessa maneira, as marcas viram um canal de mídia. A Reserva faz isso muito bem. Ela montou uma agência de comunicação em forma de roupa, porque viu um meio de se comunicar com as pessoas de modo mais natural. O conteúdo e os temas atuais são traduzidos nas suas coleções.

A XP Investimentos profissionalizou essa criação de conteúdo quando incorporou a *InfoMoney* ao seu grupo. A missão é educar, passar informação relevante e empoderar financeiramente esse leitor para que ele invista melhor. Mesmo sem vender nada, a informação se tornou um meio de levar o cliente até a XP. "Quando você ajuda seu cliente, faz as coisas certas, nem precisa fazer o *call to action*, porque ele vai perceber que você é verdadeiro e pode confiar no que diz", me ensinou Guilherme Benchimol, CEO e fundador da instituição financeira.[6]

A Nubank tem outro *case* de sucesso. O seu blog, hospedado no site da instituição, tem 2 milhões de *views* por mês, de acordo com Cristina Junqueira,[7] uma das fundadoras do Nubank. Ela quer vender cartão de crédito com isso? Não. O que a instituição faz é ajudar as pessoas a ter mais conhecimento para controlar sua vida financeira e criar afinidade e aproximação com o público. A confiança do cliente aumenta e ele passa a indicar a empresa, além de esperar ansiosamente por lançamentos de produtos da marca.

LÍDERES SÃO GAROTOS-PROPAGANDA

Na busca em se aproximar do consumidor, colocar a cara à frente dos negócios tem se mostrado uma boa estratégia. Líderes como Guilherme Benchimol, da XP e Luiza Trajano, do Magazine Luiza, viraram símbolo quando apareceram em campanhas de marketing das marcas que representam. Mais do que executivos, tornaram-se *reference voice* das companhias e criaram intimidade com os consumidores. Concordo com o Guilherme Benchimol quando ele fala que as pessoas não querem se conectar com um CNPJ; elas querem pessoas reais. Um ser humano consegue estabelecer conexão com outro ser humano, mais do que uma marca. Imagine o mercado da XP. Ele é dominado por grandes bancos sem rosto. Quando o Guilherme posta um texto no LinkedIn contando a história da companhia ou faz um post no Instagram mostrando um livro que leu ou avisando de uma live da qual participará, demonstra transparência e preocupação com seus clientes. Não é a instituição que está falando, mas o Guilherme.

Com a ascensão do digital, o líder garoto-propaganda funciona até como um canal de relacionamento. Quando um serviço não funciona direito, o consumidor tem a liberdade de ir até

6   *Guilherme Benchimol, em entrevista concedida ao autor em 24 de abril de 2020.*

7   *Cristina Junqueira, em entrevista concedida ao autor em 24 de abril de 2020.*

a conta pessoal do Instagram ou do LinkedIn do proprietário e mostrar a sua insatisfação. A reclamação chega mais rápido e pode ser resolvida mais rapidamente também. É só não fugir da raia nem ignorar o cliente, demorar ou dar respostas evasivas e insatisfatórias. É uma maneira de ouvir sem qualquer filtro. Portanto, não desperdice essa oportunidade. Seja assertivo. E se aproximar não é difícil. Todo varejo tem essa oportunidade. Que tal fazer *stories* hoje no Instagram contando como a sua empresa está agindo no período de quarentena? Ou como se preocupa com a saúde de toda a cadeia produtiva, mantendo os funcionários em casa, mas explicando que continua à disposição para atender os clientes on-line? Encontre assunto, crie conteúdo. Vá tirando os véus entre o cliente e a empresa para que ele sinta que conhece você, a sua marca. É um jogo arriscado? Pode ser, ainda mais se você tem medo de ser cancelado, mas comece aos poucos, mostre quem é, o que a marca pensa, como é o cotidiano. O leitor se lembra da importância da marca como agência de comunicação? Pois é. Fortaleça laços para ficar próximo do seu cliente e levar seu produto até ele, seja onde estiver. Daí mesmo se, em algum momento, você cometer um erro, não vai ser cancelado. Vai saber lidar, ouvir, responder e fortalecer ainda mais o relacionamento com o cliente.

Quer assistir a todas as lives?
Utilize o QR code ao lado ou acesse
alfredosoares.com.br/g4lives

#BORAVAREJO

Pare de vender, faça seu cliente comprar.

@alfredosoares @boravarejo

ENCANTE O CLIENTE COM O SEU CONTEÚDO

PAULO ORIONE empreendedor, cofundador da Decora/CreativeDrive

O varejo segue evoluindo e a transformação digital é uma jornada que nunca acaba – uma melhora contínua para se manter à frente da concorrência, entregando valor para os seus clientes. Com a predominância das vendas on-line, novos desafios vêm à tona. É que, no processo de se transformar digitalmente, muitas empresas se esquecem que o mundo eletrônico é uma experiência predominantemente visual. Como o cliente não pode tocar no produto, ele espera mais da sua experiência de compra. Espera interatividade, qualidade e velocidade. Ou seja, espera ser encantado. E todo conteúdo é uma oportunidade de encantamento. Um processo de venda encantador envolve o máximo de sentidos possíveis nas pessoas. Essa é uma realidade há tempos nos Estados Unidos para os maiores varejistas do mundo que buscam diferenciação em uma experiência de compra que encanta e cativa seus clientes. Isso está chegando forte ao Brasil e há várias oportunidades para quem quer sair na frente da concorrência. Veja o que você pode fazer para deixar o conteúdo dos seus produtos imbatível:

Capriche nas fotos Quem compra on-line já passou pela experiência de achar o que buscava, mas se deparar com apenas uma foto do produto e em baixa resolução. Grande erro! Os consumidores querem ver, pelo menos, três imagens dos produtos.[1] E isso interfere até mesmo nas devoluções das compras – 22% das devoluções ocorrem porque o produto não é como aparece na foto do site.[2] Portanto, se está começando agora, caprichar nas fotos não custa caro e é um diferencial gigantesco para aumentar suas vendas e reduzir devoluções. Para empresas maiores, o ideal é contratar uma agência ou estúdio para dar escala ao processo. Sugiro fazer a fotografia dentro do centro de distribuição ou direto da fábrica onde o produto é produzido para que faça parte do processo da empresa.

Use fotos 360 graus Os consumidores querem ver os produtos de todos os ângulos. A Tok&Stok, por exemplo, coloca a maioria do seu catálogo em 360 graus de forma interativa, em que o cliente pode girar o produto usando o mouse. O cliente brinca e interage com a mercadoria de forma digital, ao mesmo tempo que fortalece a certeza de que está levando o produto certo. Isso gera encantamento, pois torna a experiência mais tátil.

1 *SALSIFY. What types of product imagery earn ecommerce sales?. Disponível em: https://www.salsify.com/blog/what-types-of-product-imagery-earn-ecommerce-sales. Acesso em: jun. 2020.*
2 *WEEBLY. Product Photography for Your Online Store: Surprising Stats You Should Know. Disponível em: https://www.weebly.com/inspiration/online-store-product-photography/. Acesso em: jun. 2020.*

Teste a realidade aumentada Se você usou um filtro no Instagram, já é usuário de realidade aumentada (RA). A RA é a sobreposição do conteúdo digital sobre o real por meio de um dispositivo, geralmente a câmera do seu celular. Ela permite que o cliente visualize o produto de todos os ângulos no espaço onde será usado. Isso gera um encantamento enorme. Os maiores varejistas do mundo estão investindo pesado nessa ferramenta, como Amazon, Target e IKEA. No Brasil, poucos varejos oferecem essa experiência. A Mobly é pioneira, com milhares de móveis já disponíveis em realidade aumentada. A boa notícia é que a ferramenta está cada vez mais acessível, podendo rodar direto do navegador do usuário, sem a necessidade de aplicativo.

Faça vídeos Vídeos são uma maneira excelente de ajudar o cliente a compreender o produto e até decisivos na hora da compra. Olha só: 84% dos consumidores já se convenceram a comprar um produto por causa de um vídeo sobre ele.[3] E não precisa ser complicado. Um vídeo simples, de quinze segundos, demonstrando o produto e destacando suas principais características já gera um enorme impacto.

Aposte nas imagens computadorizadas Mais conhecidas como CGI (*Computer Generated Imagery*), são as imagens feitas pelo computador. Elas deixaram de ser exclusividade do mundo dos games e filmes e hoje são usadas para contextualizar e encantar clientes. A IKEA faz seus catálogos majoritariamente dessa forma desde 2014! Essa criação evoluiu muito conseguindo alcançar resultados incríveis com uma fração do custo de uma fotografia. A principal vantagem é a possibilidade de demonstrar produtos em um contexto sem o custo altíssimo que seria para criar essa imagem na vida real. A Portobello, por exemplo, faz a maioria das imagens de catálogo digitalmente. Assim, não precisa instalar seus produtos em pisos reais, o que seria muito lento e custoso. A Mobly combina múltiplos móveis em ambientes digitais, inspirando o cliente a visualizar o produto e gerando oportunidades de aumento do ticket médio. A Tok&Stok já faz todas as suas imagens de campanha digitalmente, economizando tempo, dinheiro e esforço sem perder qualidade.

Descreva os detalhes do produto Título e descrição dos produtos são partes-chave em uma venda, muitas vezes subestimados. Descreva o produto em detalhes, conte como ele pode melhorar a vida do cliente, provoque a imaginação descrevendo o toque, o gosto, o cheiro e qualquer outra informação que melhore a experiência do cliente. Traga emoção nas palavras de modo que o cliente se convença de que aquele produto é o que ele quer. Lembre-se de que essa é a chance que tem de encantar o seu cliente. Não perca essa oportunidade!

QR Code IOS para testar um produto em realidade aumentada.

3 HUBSPOT. *The Ultimate List of Marketing Statistics for 2020. Disponível em: https://www. hubspot.com/marketing-statistics. Acesso em: jun. 2020.*

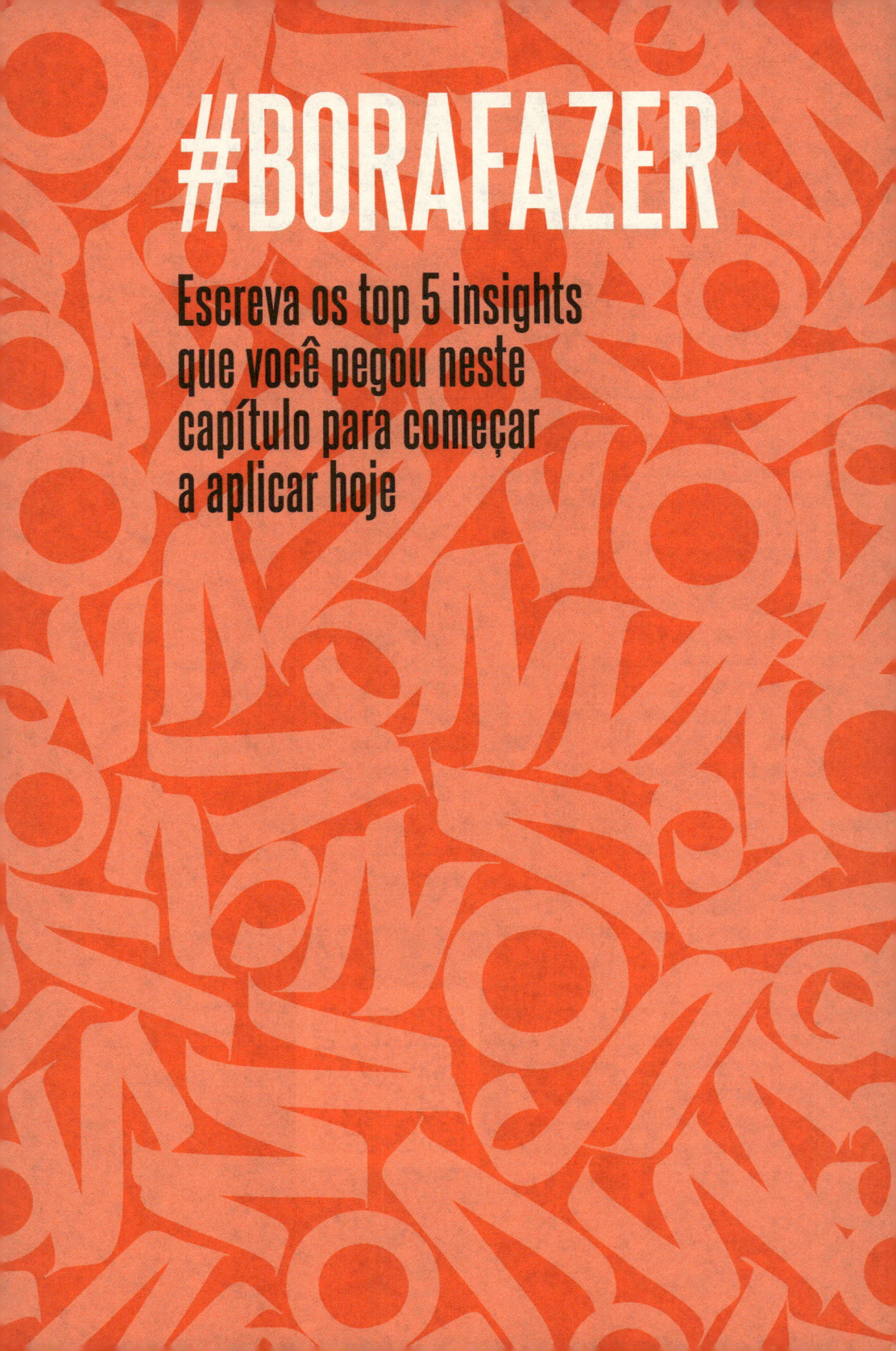

#BORAFAZER

Escreva os top 5 insights que você pegou neste capítulo para começar a aplicar hoje

1. _____

2. _____

3. _____

4. _____

5. _____

4.

A NOVA RELAÇÃO DA INDÚSTRIA COM O VAREJO

O movimento, por parte da indústria, de abandonar intermediários e ir diretamente até o varejo já existe há algum tempo. Prova disso são as lojas que convivem ao lado de grandes varejistas, dentro do mesmo centro comercial. Outro exemplo são as marcas de celulares situadas em um mesmo shopping center, concorrendo com revendedores autorizados; ou, então, marcas de eletrodomésticos que têm estabelecimentos perto de grandes varejistas. Durante um tempo, essa estratégia foi vista como um posicionamento negativo de concorrência, tendo em vista que o varejista acreditava em um conflito entre os canais de venda. Afinal, por que o consumidor iria comprar em uma loja multimarcas se a indústria tinha um canal de vendas direto ali do lado? O receio era de que as vendas totais caíssem, mas o tempo mostrou o contrário. As duas lojas veem suas vendas aumentarem quando essa junção acontece, provavelmente pelo encantamento criado pelo consumidor e que é pautado na experiência de ter contato direto com o produto que está exposto no estabelecimento da marca.[1]

Grandes indústrias têm investido nesse modelo de negócio, chamado D2C (*Direct-to-Consumer*), movimento que deve crescer muito ainda no Brasil, acompanhando a tendência de mercados mais maduros como Estados Unidos e Europa,[2] tanto pelo e-commerce ou com a ajuda de marketplaces, mantendo a ligação

---

1 *Marcelo Cherto, em entrevista concedida ao autor em 20 de maio de 2020.*
2 *Tiago Dalvi, CEO do Olist, em entrevista concedida ao autor em 5 de junho de 2020.*

Não adianta somente fabricar um produto e depois entregá-lo, o seu papel tem de ser maior, bem como seu envolvimento

direta com o consumidor. Marketplace é como um multimarcas hospedado na internet, que agrega diversas indústrias e revendedores, os quais não estão ligados a um mercado específico, como o Magazine Luiza e o Grupo B2W (proprietário das lojas Americanas, Submarino e Shoptime). Ele permite que os revendedores ou indústrias cadastrem seus produtos, e o cliente, ao procurar a mercadoria do seu interesse, escolhe quem oferece a melhor condição de preço, prazo de entrega e frete. Tudo isso com o poder de divulgação, estrutura de plataforma e administração financeira daquele marketplace.

No entanto, não foi apenas na venda direta ao consumidor que a indústria se transformou. Necessitou, também, rever a relação que ela tinha com o varejo. Percebeu que não adianta somente fabricar um produto e depois o entregar; seu papel tem de ser maior, bem como seu envolvimento. Eu entendo que a indústria precisa ser tornar um *hub* de tecnologia de microsserviços, como se fosse um distribuidor destes empoderando o varejo para criar experiência, encantamento, atendimento e distribuição. Tem que entregar *fulfillment*,[3] tem que entregar ERP (sistema de gestão) para o e-commerce. A pergunta que fica é: para que ter uma distribuidora com um depósito gigantesco se posso ter milhares de microempresas atuando com o suporte necessário dado pela indústria?

Na China, esse empoderamento do varejo já existe há tempos tanto para pessoas físicas – que vendem por meio de superaplicativos

---

3   Fulfillment *é a operação de e-commerce completa, que envolve estoque, embalagem, envio e troca. (N. E.)*

de compras – como para pequenos lojistas. Há dois anos, grandes empresas, como o marketplace Alibaba, passaram a colocar a sua bandeira em lojas de conveniência e pequenos comércios de bairro chineses para servir como ponta de lança de seus negócios, fornecendo tecnologia, produtos e tráfego de vendas. Olha só o que aconteceu quando esses comércios receberam ferramentas: a lojinha familiar se tornou uma loja de rede e começou a oferecer venda on-line, algo que antes não tinha capacidade para fazer; já a rede conseguiu fechar todo o seu ciclo de consumo.[4] Essas lojas aceleraram tanto no e-commerce – sua força de venda está direcionada para a venda on-line e para o delivery – que é comum o atendente estranhar a presença física de um cliente em seus estabelecimentos, como me contou In Hsieh, especialista no comércio chinês. Segundo ele, essas lojas viraram pontos de distribuição avançados da rede.

Aqui no Brasil, a farmacêutica Cimed mudou a sua cadeia de distribuição para recriar a parceria com o varejo. Ela não possui intermediários de vendas, comum nesse ramo de atividade, vendendo seus remédios diretamente às farmácias. Com esse formato de comercialização, fornece ao lojista melhores condições de compra, permitindo que a venda ao consumidor final seja feita com preços mais competitivos em relação aos concorrentes.

A Cimed ainda empodera o varejo ao realizar um trabalho forte de presença de marca junto ao consumidor final. Uma das ações é patrocinar a Seleção Brasileira de Futebol. "Nós transformamos uma marca de remédios em algo *cool*, jovem, moderno", explica João Adibe Marques, CEO da Cimed.[5] A identificação é tão grande que no ano passado a marca criou uma blusa de moletom para ser usada em ações de marketing. O agasalho foi disputado entre os clientes. Virou objeto de desejo! Na quarentena, conectada com seu lema de saúde, a farmacêutica parou uma das linhas de produção para fabricar e doar 30 toneladas de álcool em gel. Ao mostrar o seu posicionamento social, a Cimed se aproximou do consumidor, que foi impactado pela marca no tubinho de álcool em gel que ganhou, num momento em que o produto estava em falta em muitas cidades.

---

4   In Hsieh, em entrevista concedida ao autor em 20 de maio de 2020.
5   João Adibe Marques, em entrevista concedida ao autor em 29 de abril de 2020.

Isso nos faz entender que não é só o varejo que precisa criar marca para se relacionar com o seu público. A indústria também deve ter esse cuidado, outro sinal evidente de que a relação dela com o varejo está mudando. Para mim, é muito claro que a indústria que não conhecer a sua audiência, não fizer essa tarefa, está sujeita a ser um eterno commodity. João Adibe também afirma: "A transformação na indústria é saber qual é a marca que tem o seu produto, e não o contrário". A Cimed não fabricou remédios; ao contrário, construiu uma marca para vender esse produto.

A loja de cosméticos Ikesaki faz bem essa cadeia. Seu *core* são produtos para serem usados por profissionais de salões de beleza, mas, por meio do e-commerce e de um bom estoque, ela atende também ao consumidor final que deseja comprar pequenas quantidades de mercadorias. Suas lojas físicas sempre foram um grande sucesso, com filas imensas, mas, quando a quarentena foi decretada, o e-commerce estava preparado para usar uma estrutura que já existia e estava no ar com o clube de influenciadoras na Ikesaki (em que cada blogueira tem sua lojinha hospedada no site), a fim de colocar a indústria em contato com o cliente. De que forma? Os promotores de vendas – aqueles profissionais que visitam as lojas, olham estoque, prateleira, e reportam isso ao fabricante – foram transformados em vendedores virtuais dentro do e-commerce da loja de cosméticos.[6] Ou seja, a Ikesaki fez uso da força desses profissionais como meio de aumentar as suas vendas, enquanto a indústria usou essa estrutura para aumentar o seu engajamento e reforçar o conceito da marca no consumidor final.

PARCERIA COM O FRANQUEADO

No vínculo da indústria com o varejo, as franquias ainda ocupam um espaço de transição, pois existe (pelo menos existia antes da quarentena) certa resistência de ambas as partes nessa relação de proximidade: de um lado está o franqueado, que acredita que pode perder uma fatia do mercado para a indústria; do outro, uma parte da indústria que não fornece ferramentas nem permite que

---

6   *Edilaine Godoi, Head de Inovação Digital da Ikesaki, em entrevista concedida ao autor em 8 de abril de 2020.*

a loja física use ferramentas digitais para o franqueado alavancar as vendas. Mesmo tendo franquias, a indústria costuma acreditar que vai ser melhor controlar a comunicação do franqueado e que este não pode "inventar" muito, ou vai destruir o trabalho e a reputação dela. Na quarentena, essas franquias começaram a ser pressionadas para que não parassem de vender – vimos uma disrupção dessas ideias, porque o franqueado só conseguiria atravessar o período customizando sua comunicação, falando diretamente com o seu cliente, usando de munição todo o conhecimento que tinha sobre a sua praça e sobre aquelas pessoas. Não cabia mais tanto controle, e isso foi bom. Matriz e franquia encontraram jeitos mais dinâmicos de colaboração, otimizando os processos e criando mais oportunidades de vendas.

O que é preciso entender é que, na aceleração digital, a venda pelo e-commerce da indústria é cada vez mais factível. Não importa se a marca tem loja própria ou não, se é uma franquia ou não. Para Marcelo Cherto,[7] um dos maiores especialistas em franquia do Brasil, as lojas físicas serão parceiras das lojas digitais: é o chamado *figital*, conceito por meio do qual o consumidor usa os dois canais na sua jornada de compra e cria um contato mais íntimo com a marca, seja comprando no digital e retirando no físico, seja pesquisando no e-commerce e comprando no físico, seja comprando pelo WhatsApp e recebendo por delivery. Não dá para fugir dessa tendência. A loja física não deixará de existir, mas será um ponto de experimentação entre cliente e marca.

Eu já falei da Kopenhagen, que criou uma estratégia de vendas ao usar as lojas fechadas, por conta da quarentena, como ponto logístico para distribuir os chocolates, principalmente durante a Páscoa. Isso significa que a venda era feita pelo e-commerce, mas a loja servia como central de distribuição. Era de lá que saía o produto para ser entregue ao consumidor, levando em consideração a localização da loja e o endereço do cliente.

Utilizar lojas como ponto logístico foi um dos aprendizados desse momento, e esse modelo deve amadurecer e se consolidar nos próximos anos. A tendência é que a indústria passe a fazer uso não só de suas lojas próprias ou franquias para o consumidor receber seus produtos, mas de qualquer tipo de varejo como ponto logístico.

---

7   *Marcelo Cherto, em entrevista concedida ao autor em 20 de maio de 2020.*

Outra questão a respeito da relação franqueado-franqueador é se a venda on-line não tiraria caixa da loja física. A Chilli Beans resolveu esse conflito remunerando o lojista por compra do e-commerce realizada na região onde está. O rastreamento é feito pelo CEP da loja. Com isso, vendedores se concentram na construção de *branding* onde estão inseridos, enquanto o e-commerce cuida da venda, da separação e do despacho do produto, gerando receita para o ponto físico. Uma relação vantajosa para todos os lados.

Pode ter certeza: o franqueado e o franqueador que enxergarem o *figital* como uma estratégia de negócio estarão um passo à frente dos seus concorrentes já nos próximos anos ou, quem sabe, meses. Além de tudo a incorporação do digital na cultura de franquias contribui para expandir aquela marca a outros lugares; além disso, os clientes podem encontrar o produto pela internet, pedir e, ainda, gerar dados para abertura de novas franquias em regiões que não possuem as lojas físicas.

A VENDA COMEÇA QUANDO VOCÊ COMPRA

Com a indústria indo direto ao consumidor, o varejista precisa comprar bem para vender bem e se fazer competitivo no mercado. É por isso que afirmo: a venda começa quando você compra, e não quando o cliente paga pelo seu produto. A negociação com o fornecedor é o primeiro passo para o varejista. E, para negociar bem, é necessário dominar desde a gestão financeira até a escolha do mix de produtos ofertados.

Quando você compra produtos que seus clientes querem, no custo correto, a venda torna-se mais simples e rápida, o estoque gira mais rápido e ganha-se em margem, o que impacta diretamente no seu fluxo de caixa e no lucro. É importante otimizar ao máximo os recursos nos quais você investe sabendo como compor o mix de produtos que é ao mesmo tempo rentável e de saída rápida. Cada real investido vale a pena, assim como cada centímetro de estoque.

Para chegar a esse mix de produtos, Bruno Nardon,[8] um dos fundadores da Kanui e da Rappi Brasil, ensina que a melhor maneira

---

8   *Bruno Nardon, em entrevista concedida ao autor em 2 de junho de 2020.*

Na aceleração digital, a venda da indústria pelo e-commerce é cada vez mais comum

é entender a demanda do cliente, o que ele quer e o preço que quer pagar. A internet pode ser uma aliada nessa busca. Ele explica: "Através da internet você consegue entender os tipos de produto, as categorias e as marcas mais procuradas; também consegue testar a elasticidade de preços com seus clientes por tipo de produto, categoria e marca. Com seus dados, consegue descobrir os produtos que devem agradar os clientes, determinar a quantidade de cada compra e o custo". Essa pesquisa deve ser muito cuidadosa, prestando-se atenção para entender o comportamento daquele cliente e separar as diferentes faixas de público do seu negócio, por idade, gênero, região. Cada um tem seu padrão de comportamento, e o digital permite que você faça essa análise dos dados. Se a escolha correta do mix aumenta a lucratividade, a escolha errada vai mexer diretamente no seu fluxo de caixa, pois a mercadoria fica parada. Para vender, o lojista terá que baixar o preço, oferecendo descontos ao consumidor e, portanto, diminuindo a margem, comprometendo a saúde financeira do negócio.

Outro aspecto da compra está na escolha da rede de fornecedores. Você precisa ter o produto correto e que também seja adquirido no melhor custo possível. Para isso, tem de avaliar quatro aspectos: preço, quantidade, frequência de compra e prazo de pagamento. Julian Tonioli,[9] fundador da consultoria Auddas, explica como essa equação funciona:

Preço: O preço que você pagou mexe na estrutura do seu preço final. Então, quanto menos pagar, maior será a sua margem. Veja bem, esse valor não tem relação só com o lucro da empresa, mas impacta a sua capacidade de investimento em outras áreas, como marketing ou recursos humanos.

---

9   *Julian Tonioli, em entrevista concedida ao autor em 26 de maio de 2020.*

Quantidade: Fornecedores, geralmente, estipulam um volume mínimo de compra dos produtos. O ideal é conseguir comprar sempre em pequenas quantidades. Quando você adquire muita mercadoria, corre o risco de ter problema de estoque e giro. Caso essa mercadoria demore para ser vendida, o valor investido demora a ser recuperado. O espaço que você ocupa com mercadoria também vale dinheiro, assim como a desvalorização diária de uma mercadoria parada.

Frequência de compra: Avalie o intervalo de compra em que esse fornecedor poderá entregar seus produtos. Se conseguir um fornecedor que entregue todos os dias, será ótimo. Essa possibilidade existe, mas é algo que terá de perseguir. Avalie esse intervalo na hora de definir sua estratégia de compras.

Prazo de pagamento: Se você fizer uma compra pagando à vista ou com um prazo curto, vai precisar ter caixa para quitar o fornecedor antes de receber do cliente. O mais aconselhável é negociar um prazo mais longo, a fim de ganhar tempo para receber desse cliente e até fazer uma campanha de desconto a quem paga à vista, por exemplo. Lá na frente, você usará esse dinheiro para pagar a dívida com o fornecedor e não precisará mexer no caixa.

Portanto, não é só comprar barato. O quanto antes começar essa lição de casa, mais rápido você perceberá quais são as suas fraquezas na negociação com fornecedores e passará a trabalhar sobre elas. Quanto mais conhecimento tiver do fornecedor e do cliente, mais o seu negócio tenderá a lucrar. Não tenha preguiça; é um trabalho de análise e reanálise diário. Colha dados e processe-os para tomar decisões assertivas. Vai dar trabalho? Sim, mas lembre-se: a venda começa quando você compra, e não apenas quando o cliente paga pelo seu produto.

Quer assistir a todas as lives?
Utilize o QR code ao lado ou acesse
alfredosoares.com.br/g4lives

#BORAVAREJO

A indústria precisa prover serviço para o varejo.

@alfredosoares @boravarejo

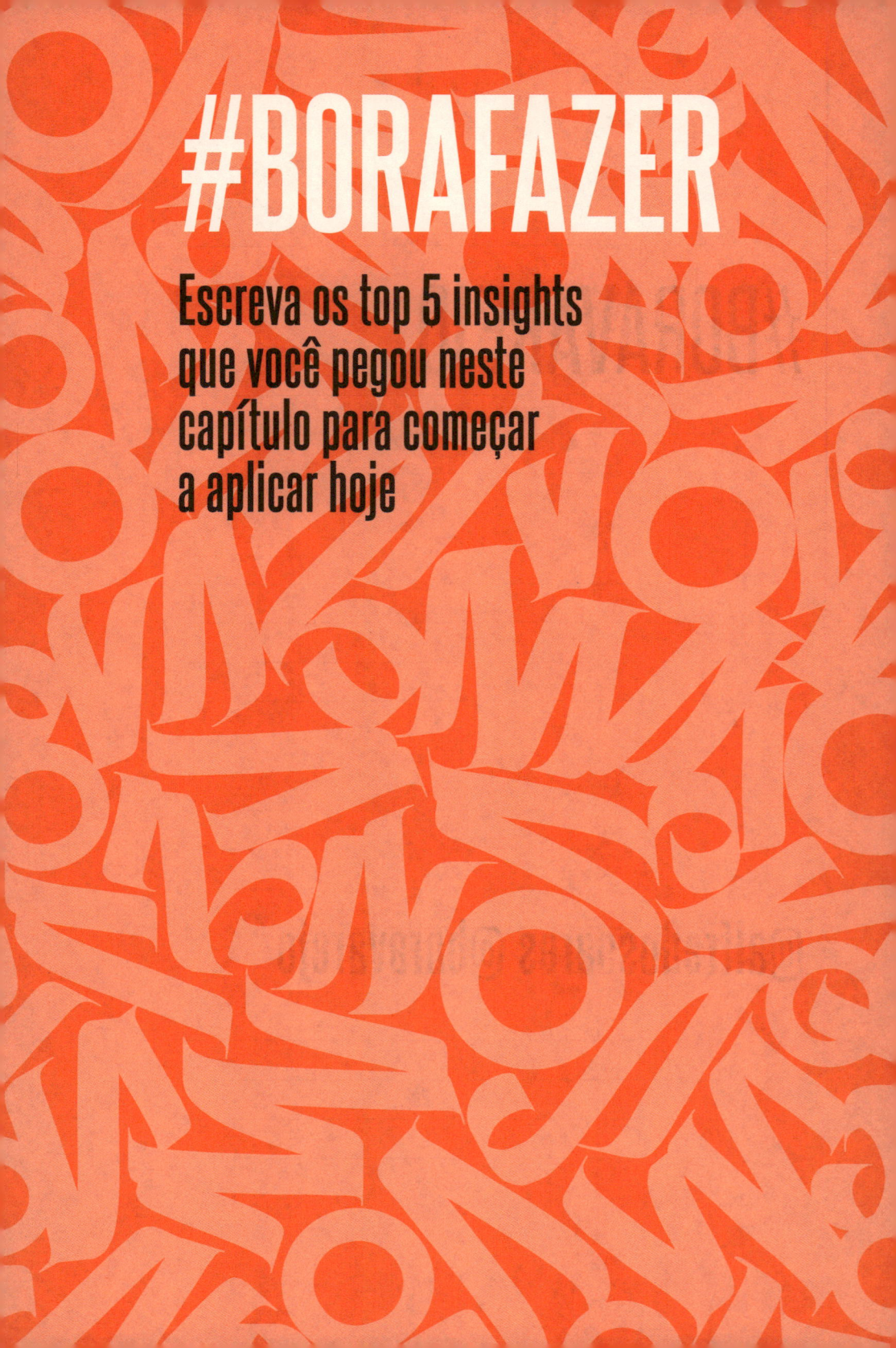

#BORAFAZER

Escreva os top 5 insights que você pegou neste capítulo para começar a aplicar hoje

1.

2.

3.

4.

5.

5.

A VERDADE SOBRE OS CANAIS DE VENDA

Não importa onde você vende, mas onde seu cliente quer comprar.

Vender não é simplesmente oferecer uma mercadoria, esperar que o cliente a encontre e pague por ela, fazer a entrega e o processo está finalizado. Nos últimos anos, o comportamento de compra do consumidor mudou. Se no passado ele procurava o que queria, descobria quem o vendia, comprava e depois dava a opinião dele sobre aquela aquisição para seu grupo de amigos, agora, antes de tomar qualquer decisão de compra, pesquisa a reputação da marca na internet, lê comentários a respeito nas mídias sociais, conversa com quem adquiriu o produto desejado e assim por diante. E, no meio do caminho, ainda entra no algoritmo de diversos fornecedores do mesmo ramo de atuação. Quem nunca fez uma busca simples no Google e passou as próximas semanas bombardeado por ofertas daquele produto em vários canais? A opinião do cliente é formada por relatos de pessoas que ele nem conhece, mas que o influenciam de alguma forma, e por muita informação e comparação de preços, fretes, canais de atendimento.

Esse novo comportamento de compra mostra que a venda não acontece na loja, seja física, seja virtual. Ela começa muito antes, quando a pessoa pesquisa, adquire o produto e, então, cria um relacionamento com a marca. A isso chamamos de jornada do consumidor. No *Bora vender*, eu falei bastante a respeito da importância de entender esse caminho percorrido pelo indivíduo enquanto ainda é um *lead* (possível comprador) até se tornar cliente da marca e sobre como trabalhar esse processo nos seus negócios.

A jornada do cliente – a qual considero importante – é dividida em quatro estágios. O primeiro é denominado **Aprendizado e descoberta**, quando o indivíduo tem uma necessidade, e não um problema, e começa a pesquisar sobre ela. Por exemplo, muitas pessoas frequentavam a academia todos os dias, mas, na quarentena, praticamente todos os estabelecimentos foram fechados. Esses consumidores percebem que terão de encontrar alternativas para treinar, mas não sabem muito bem o que fazer. Sua pesquisa é aleatória. Eles podem começar a procurar "como manter o *shape* dentro de casa", "como treinar em casa", "como fazer exercícios em casa"; ainda não sabem exatamente do que precisam, mas estão tateando o terreno em busca de caminhos.

O segundo estágio é o **Reconhecimento do problema**. Aqui, o cliente tem o seu problema definido – no exemplo, academias fechadas, quando terá de malhar sozinho – e já viu alguns treinos de que gostou, conheceu perfis de redes sociais de exercícios em casa, percebeu algumas atividades que pode fazer nesse período. Agora ele vai, a partir desse recorte, iniciar uma pesquisa mais refinada, identificando possíveis soluções, como a aquisição de equipamentos específicos, um fone de ouvido *bluetooth* para conseguir isolar o barulho enquanto se exercita, um tapete de Pilates. Começará a lidar com necessidades específicas para a prática esportiva pesquisada na primeira fase.

No terceiro estágio, chamado **Consideração da solução**, esse consumidor elege uma solução e quem a oferece no mercado após já ter pesquisado o assunto. Trata-se do momento em que ele encontra uma loja que vende artigos esportivos e que também disponibiliza vídeos com aulas gratuitas para a prática de exercícios em casa, ou quando já sabe que precisa de pesos para musculação e está apenas comparando preços, fretes, atendimentos, bem como os planos de treino vendidos por diferentes *personal trainers*.

O último estágio é a **Decisão de compra**, que acontece quando o indivíduo já está bem informado sobre os produtos – tanto pelo próprio site da loja como com informações que buscou nas redes sociais –, preços, prazos de entrega e custo-benefício. Este é um momento sensível do fechamento da venda: a pessoa torna-se seu cliente de verdade e precisa ser atendida, gerando relacionamento. Depois da decisão de compra, é papel do fornecedor estabelecer esse relacionamento, encantar na entrega, no pós-venda, nos contatos que vai fazer com esse cliente recém-adquirido.

Nessa jornada, usa-se a UX (*User Experience*) ou experiência do cliente, termo que surgiu nos anos 1990 e está ligado ao que o consumidor sente ao utilizar um produto ou serviço.[1] Pode ser a boa navegabilidade de um site, o conforto de uma peça de roupa, o prazo rápido de uma encomenda chegar a sua casa ou o conjunto disso tudo. A UX está presente em toda a caminhada do consumidor, usando mapeamento apropriado para cada momento, ou seja, estamos falando sobre o contato desde o planejamento, antes de o cliente visualizar a marca, até a pesquisa, conversão

Vender não é simplesmente oferecer uma mercadoria, esperar que o cliente a encontre e pague por ela

– isto é, a compra do produto –, pós-consumo e relacionamento.

Esse conceito é importante tanto para grandes indústrias como para pequenos varejos, pois ambos podem se beneficiar dele. O leitor se lembra de quando falamos das indústrias que estavam indo direto ao cliente? Para conseguir fazer essa ligação, conquistar o consumidor e realizar a venda, elas usaram a UX para percorrer esse caminho. Em outras palavras, foi por meio de análise de dados que o fabricante conheceu os hábitos do cliente, como ele gosta de ser tratado, quais são os seus problemas, como oferecer as melhores soluções e assim por diante. Thiago Verçosa, fundador e CEO da Original.io, ensina que em uma loja pequena é possível ganhar voz na internet a partir da UX usando o poder digital e o relacionamen-

---

1 BECKER, Paulo. *O que é UX? **Orgânica Natural Marketing**, 9 set. 2019. Disponível em: https://www.organicadigital.com/blog/o-que-e-ux/. Acesso em: jun. 2020.*

to com o cliente para entregar mais vendas.[2] Por exemplo, em uma loja física de biquínis é possível combinar peças, estampas, cores e numerações diferentes, e essa estratégia faz a taxa de conversão de três compras acontecer a cada dez clientes. No e-commerce, a loja vende as mesmas estampas e cores, mas os biquínis só podem ser adquiridos no conjunto fixo da parte de cima com a parte de baixo. A conversão no site é uma compra a cada dez consumidores. Analisando os dados, verifica-se que é preciso usar a experiência do físico também no digital: a pessoa consome mais se tiver mais liberdade para montar os conjuntos de biquíni do seu jeito. Aí entra a UX, por meio da qual será criado um site com linguagem e layout apropriados e uma navegação ideal que leve o cliente a essa opção de compra personalizada, aumentando a quantidade de visitantes que toma a decisão de comprar e fazendo o ticket destes ser mais alto. A ideia é que eles tenham a mesma experiência do ponto físico, ou seja, comprar os biquínis misturando estampas, modelos e tamanhos como achar melhor. A UX também participa da entrega, seja com uma caixa especial ou uma embalagem acondicionada, seja na colocação de um folheto oferecendo desconto na próxima compra. O cliente recebeu sua compra e se surpreendeu com a experiência que teve. Sendo assim, a loja atendeu às suas expectativas e ele permanece comprando da marca.

Quando se entende a jornada do consumidor, a estrutura do funil de vendas está sendo preparada, pois as duas estratégias andam juntas. O funil de vendas – isto é, os gatilhos usados durante essa caminhada para que o cliente finalize a compra e se torne fiel à marca, comprando mais vezes ou mais produtos – é composto de três etapas: topo do funil (você atrai clientes e os transforma em *leads*, que são potenciais compradores), meio do funil (as oportunidades ao adquirir seu produto são expostas) e fundo do funil (o cliente é convertido para a sua empresa). Cada etapa do funil corresponde a uma das fases da jornada do consumidor, já explorada. É preciso montar uma comunicação para cada momento em que estão os clientes; assim, eles vão se aprofundando na jornada e a quantidade de pessoas que passa de uma fase para outra vai "afunilando" – daí o nome "funil de vendas". São muitos os indivíduos

---

2   *Thiago Verçosa, em entrevista concedida ao autor em 4 de junho de 2020.*

pesquisando por exercícios dentro de casa na quarentena: uma parte dos quais vai se interessar por Pilates, enquanto uma porção menor ainda vai querer comprar o seu pacote de vídeos de aulas de Pilates com equipamentos para praticar em casa. E é papel do varejista ter conteúdo para todas as fases dessa decisão.

Com o seu funil de vendas e a jornada do consumidor, você identifica quem é seu cliente e onde ele quer comprar; por isso, é importante conhecer os principais canais de vendas do varejo. Nas próximas páginas, o leitor vai saber como funcionam e-commerce, marketplace, loja física e delivery, bem como outras opções ainda pouco exploradas – o mercado de afiliados e o *dropshipping*, por exemplo. Dominar esses canais é um poderoso exercício para quem quer vender.

E-COMMERCE

O comércio eletrônico, que já vinha crescendo no Brasil, deu um salto após o fechamento temporário das lojas físicas ocasionado pela pandemia da covid-19. Em dois meses foram abertas cerca de 100 mil lojas virtuais. Antes disso, a média mensal era de 10 mil novas lojas.[3] O consumo também cresceu: em alguns segmentos, como o de supermercados, o volume de pedidos subiu 188% entre fevereiro e maio de 2020 em comparação ao mesmo período do ano anterior.[4]

Bruno de Oliveira, CEO do Ecommerce na Prática, fala que "o e-commerce é um dos modelos de negócio mais democráticos que existem".[5] Isso porque qualquer pessoa pode aderir a ele – existem plataformas em que não se paga nada para começar uma loja virtual, como a Loja Integrada, da VTEX – e você não esbarra em alguns problemas comuns da loja física, como localização do ponto comercial, valor pago por ele e concorrência na região. Além disso,

---

3 CUNHA, Joana. *Quarentena impulsionou abertura de 100 mil lojas virtuais.* **Folha de S.Paulo**, 19 maio 2020. Disponível em: https://www1.folha.uol.com.br/colunas/painelsa/2020/05/quarentena-impulsionou-abertura-de-100-mil-lojas-virtuais.shtml. Acesso em: jun. 2020.
4 MOVIMENTO COMPRE&CONFIE. *Impacto do covid-19 no e-commerce: análise nas vendas online após a confirmação do paciente 01 no Brasil, 2020.*
5 *Bruno de Oliveira, em entrevista concedida ao autor em 4 de junho de 2020.*

quando se vende pela internet, é possível escalar o seu negócio de forma praticamente ilimitada, vendendo para o país todo, trabalhando com amplitude de produtos, porque seu estoque não precisa estar na loja – ele pode ficar armazenado em um galpão, pode ser terceirizado ou você ainda pode firmar parceria com fornecedores e usar o estoque deles para trabalhar. Se é um bom negócio para o grande empresário, para as pequenas e médias empresas (PME) ter uma loja virtual significa a realização de um sonho de empreender ou a possibilidade de expandir o negócio para todo o Brasil, caso já tenha uma loja física, sem grandes investimentos em infraestrutura.[6]

Um ponto muito relevante, ainda mais agora, quando falamos tanto em presença de marca, é o seguinte: você consegue ser mais presente no relacionamento com o cliente, mesmo sem o contato olho no olho da loja física. De que forma? Pelo cadastro que o usuário faz no site. Todo indivíduo cadastrado é colocado em uma régua de relacionamento que permite ao lojista entrar em contato com ele em momentos específicos. Sabe-se, por exemplo, quando o usuário faz aniversário, então uma campanha de desconto pode ser criada, disparando-se um e-mail felicitando-o pela data e oferecendo como presente um cupom de desconto só para ele. Também é possível avisá-lo, por exemplo, quando o produto que ele adquiriu precisa ser reposto, como um xampu, ou se a roupa adquirida combina com outra disponível no e-commerce.

Isso é possível porque nas plataformas de e-commerce toda a movimentação vira métrica, que são dados importantes para criar estratégias para o seu negócio. Não existe adivinhação. Você consegue saber o número de acessos no site, a quantidade de cliques em cada produto, o que mais gerou interesse, quem comprou só uma vez, quem comprou mais vezes, os artigos mais procurados na recompra, quem está há muito tempo sem aparecer, quantas pessoas acessam o site simultaneamente e assim por diante. Analisando esses dados, dá para descobrir o perfil do cliente, criar personas e uma jornada que vá oferecendo produtos conforme o indivíduo vai avançando no site. É o famoso "quem viu esse vestido também gostou destes", por exemplo,

6   *Lara Colombo, diretora de Sales e Marketing da Loja Integrada, em entrevista concedida ao autor em 4 de junho de 2020.*

#BORAVAREJO

Use a criatividade a serviço dos negócios.

@artplan
@alfredosoares @boravarejo

Quando se entende a jornada do consumidor, a estrutura do funil de vendas está sendo preparada, pois as duas estratégias andam juntas

ou "se colocar mais R$ 30 no seu carrinho, você tem frete grátis". São estratégias do funil de vendas para sempre levar a pessoa a dar mais um passo dentro do site até que ela converta, ou seja, realize a compra.[7]

Quem quer abrir um e-commerce deve começar com um bom planejamento. Defina o mercado em que quer atuar, seu público-alvo e fornecedores. Também escolha a plataforma na qual a loja ficará hospedada com o melhor *fit* para suas necessidades, isto é, o local mais apropriado para o seu modelo de negócio. No início, comece com uma plataforma gratuita ou que ofereça preços mais acessíveis; os recursos tecnológicos serão menores, mas será um bom teste. Para Lara Colombo,[8] diretora de Sales e Marketing da Loja Integrada (grupo VTEX), a escolha deve ser baseada na equação custo × retorno – o quanto pagará por esse serviço em comparação ao retorno em vendas que você terá. "Nem sempre um alto custo significa um bom investimento. Importante também fugir de plataformas que cobram um *share* da venda, pois isso reduz a sua margem de lucro", ensina. Além disso, defina um canal de atendimento, como será feito o impulsionamento de vendas e as estratégias para divulgar o seu negócio. Nesse quesito existe uma infinidade de opções, desde as mais simples – como panfletagem, e-mail marketing, SMS e mídias sociais

---

7   *Rafael Forte, presidente da VTEX Brasil, em entrevista concedida ao autor em 2 de junho de 2020.*

8   *Lara Colombo, em entrevista concedida ao autor em 4 de junho de 2020.*

– até procedimentos mais elaboradas – *Search Engine Optimization* (SEO), por exemplo, que são técnicas para otimização dos mecanismos de busca on-line (aprender a escrever para ser encontrado pelos buscadores e aparecer antes do concorrente); *mobile ads*, ou publicidade para *mobile*; e marketing viral, cujo objetivo é criar a propagação exponencial de informações em comunidades.

E, se você me perguntar como fica a loja física com o crescimento do e-commerce, eu respondo: ficará onde está, e tem chance de crescer se tiver uma estratégia que integre os comércios on--line e off-line. O futuro é a diversificação dos canais de venda, é o relacionamento com o cliente em todas as pontas possíveis. Vamos explorar isso melhor mais à frente.

MARKETPLACE

O marketplace é um e-commerce, mas funciona como um grande shopping center na internet. Dentro da plataforma, existem várias lojas e cada uma oferece sua mercadoria, podendo disputar preço com outro lojista que vende o mesmo produto. Um exemplo é o Submarino, a Amazon e o Magalu. Alguns canais vendem somente itens novos; outros, só seminovos; e há os que trabalham com ambos. Também existem marketplaces focados em determinadas categorias, como livros ou eletrodomésticos e eletrônicos.

Colocar seu produto em um marketplace é a forma mais rápida de começar a vender pela internet, tanto que, na crise provocada pela covid-19, foi uma alternativa para quem ainda não tinha uma loja virtual. O vendedor não precisa se preocupar com aquisição de compradores, uma vez que o marketplace já atrai o tráfego, tem mais um canal de vendas para diversificar suas fontes de receitas – aqueles que têm loja física – e uma fonte de liquidez do seu estoque.[9] Falamos anteriormente que estoque parado é prejuízo. Com o marketplace, você ainda conta com o suporte de uma plataforma que tem interesse que seu produto esteja lá, pois esse modelo de negócio apenas sobrevive se tiver consumidores que compram continuamente e vendedores com retorno para a sua loja.

---

9 *Tiago Dalvi, CEO do Olist, em entrevista concedida ao autor em 5 de junho de 2020.*

Mesmo com o suporte da plataforma, o lojista tem que se empenhar para vender, afinal vender é encantar o cliente, é fazê-lo se sentir bem atendido, mesmo em um ambiente on-line, e com vontade de voltar. De nada adianta subir o catálogo no site e esperar as vendas acontecerem. Existem vários fatores que colaboram para o aumento de vendas e de engajamento no marketplace. Alex Moro e Tiago Dalvi,[10] especialistas em marketplaces, ensinam alguns deles:

Catálogo de qualidade: Suba, na plataforma, um catálogo com o maior número de informações dos produtos. Não se esqueça de que o cliente não vai ter a chance de experimentar uma roupa ou de manusear a aquisição antes da compra. Então, adicione ao descritivo atributos como tamanho, volume, cor, material usado, cuidados com a peça. Quanto mais informação tiver e mais detalhada ela for, mais confiança o cliente sente em comprar de você. Isso ajuda o consumidor a tomar uma decisão mais madura e ainda reduz os índices de cancelamento, troca ou devolução. Melhor ainda se trabalhar com código de barras, simbologia que ajuda o seu produto a aparecer no Google, sem que tenha de pagar por isso.

Palavras-chave: O que determina as buscas dentro do marketplace são as palavras-chave digitadas pelo consumidor durante a pesquisa. Quanto mais você trabalhar o campo semântico do seu produto, ou seja, as variadas palavras que estão ligadas ao mesmo significado, maiores as chances de ele ser encontrado. Exemplo: se você vende um vestido, pode trabalhar o campo semântico associando a ele termos como vestido de festa, vestido de balada, vestido longo, vestido de formatura, roupa para sair, vestido gospel, roupa de festa, e o que mais conseguir associar a ele e a situações que o seu cliente pode digitar na busca ao procurar por essa peça de roupa.

Inteligência de preços: O leitor está numa plataforma com outros vendedores competindo diretamente com você, afinal quando o cliente faz a busca encontra as ofertas disponíveis no site. Desenvolver inteligência de preços ajudará o lojista a se manter competitivo em meio a outros vendedores. Isso não significa apenas

---

10   *Alex Moro, em entrevista concedida ao autor em 25 de abril de 2020.*

ter o melhor preço, mas oferecer outros benefícios ao interessado. Um frete grátis, por exemplo, ou uma entrega rápida. Às vezes, o seu preço nem é o menor entre as ofertas, mas tem uma vantagem que atrai o comprador.

Reputação como vendedor: Todo comprador pode atribuir uma nota à loja. O que ajuda você a ganhar credibilidade nos canais de conquista e confiança dos clientes é manter alto índice de vendas, nota alta e baixa taxa de reclamação, bem como controlar seu estoque, evitando a ruptura (falta de um produto no momento da compra). É a sua reputação como vendedor que entrega o

Colocar seu produto em um marketplace é a forma mais rápida de começar a vender pela internet

produto correto e no prazo que diferencia a sua loja de alguém que comercializa esse mesmo produto naquele marketplace. Mais do que o preço, o indivíduo muitas vezes até opta por pagar um pouco a mais pela segurança de um vendedor confiável, que não vai gerar dor de cabeça.

Divulgação: Use as redes sociais para divulgar o link da sua loja, acrescentando em qual marketplace ela está. É uma forma de usar o *branding* da grande rede para impressionar o seu cliente.

Existe concorrência dentro de um marketplace? Sim, claro, afinal cada produto pode ter vários vendedores. No entanto, ao optar por esse canal de venda, você ganha com a grande exposição do seu produto ocasionada pelo alto fluxo de clientes do site e, ainda, a tecnologia do "dono" do marketplace, fatos que devem ser levados em consideração pelo empreendedor.

DELIVERY

Se antes o delivery era uma maneira de levar um produto até o cliente, com o surgimento dos aplicativos ele virou um canal de vendas. Hoje existem diversos aplicativos de delivery, nos quais é possível pedir desde comida até presentes, roupas, cosméticos, itens para a casa. O mundo do delivery atingiu praticamente todas as indústrias, e a quarentena fez que ficássemos mais ambientados com esse estilo de compra. Imagine se dois anos atrás o leitor ouvisse que faria boa parte das suas compras por celular e quem escolheria os itens seria um *shopper*? Não acreditaria. Atualmente, porém, esse é um processo corriqueiro. Pelo meio digital, você faz marca, divulga seu catálogo de produtos, cria uma base de dados e não precisa se preocupar com o custo de aquisição de clientes (CAC).[11] Ainda recebe o pagamento e oferece um serviço rápido, fácil de ser usado e, praticamente, sem contato físico; por isso, durante a quarentena provocada pela covid-19, foi a salvação para muitos varejos. Só no primeiro mês do isolamento social, as compras por meio desses aplicativos cresceram 30%.[12]

Os aplicativos cobram uma taxa mensal do cliente e, geralmente, uma comissão a cada pedido feito; então, na hora da contratação é preciso avaliar sua margem de lucro e o custo do serviço. Num primeiro momento, esse valor parece alto, mas há outra conta para fazer. Pense no custo operacional que você tem no restaurante ou na loja. São aquelas despesas que existem independentemente de vender um produto ou cem deles. Você vai precisar pagá-las de qualquer jeito. Usar o delivery pode ser um meio de colocar o capital para girar como mais uma fonte de renda para a empresa, ajudando a equilibrar esse custo fixo.

Outra vantagem dos aplicativos é que você não precisa ter um ponto físico aberto. Como o cliente não vai até a loja, pode-se vender de qualquer lugar. Muitos restaurantes, por exemplo, usam as chamadas *dark kitchens*, que são cozinhas profissionais montadas apenas para serviços de entrega, que requerem menos investimento do que um restaurante tradicional.

---

11   *Richard Meneghetti, empreendedor, em entrevista concedida ao autor em 2 de junho de 2020.*

12   *BOND, Letycia. Compras por aplicativos têm alta de 30% durante pandemia, diz pesquisa.* **Agência Brasil**, *29 abr. 2020. Disponível em: https://agenciabrasil. ebc.com.br/economia/noticia/2020-04/compras-por-aplicativos-tem-alta-de-30-durante-pandemia-diz-pesquisa. Acesso em: jun. 2020.*

Como a concorrência cresceu muito nos aplicativos, investir em ações como distribuição de cupons de desconto (seja dentro do aplicativo, seja para ser usado na loja física, caso ela exista), frete grátis e menu exclusivo podem ser maneiras de se diferenciar. Richard Meneghetti, dono de três restaurantes virtuais, arriscou uma estratégia diferente: criou marcas que concorrem entre si. "Tenho três marcas, dentro do mesmo aplicativo, que funcionam no mesmo espaço físico e com os mesmos colaboradores. O que precisei fazer foi apenas criar embalagens diferentes, cada uma com seu logotipo", conta.[13] Qual foi a sua estratégia? Conquistar clientes que comprariam do concorrente. Com isso, ele quase dobrou o faturamento mensal. Independentemente de onde você vai vender e o que vai vender, construir conhecimento para criar habilidades táticas é o ponto-chave do seu sucesso.

DROPSHIPPING E MERCADO DE AFILIADOS

Quando você abre uma loja virtual ou entra em um marketplace, precisa ter capital de giro para fazer seu estoque. Esse pode ser um problema para quem está começando, afinal primeiro é preciso investir para depois ter o retorno. Quem está nessa situação, mas tem a gana de empreender, pode optar por uma venda em que o estoque não é responsabilidade do vendedor. É o *dropshipping*, operação na qual o e-commerce faz a venda do produto e envia o pedido para o fornecedor, que pode ser uma indústria ou outro lojista. Esse fornecedor recebe a ordem e manda o produto para o cliente, cuidando de toda a logística. Ele não é um canal de vendas, e sim uma possibilidade de vender um estoque que não é seu.[14]

O fato de não precisar fazer estoque reduz o risco de um varejo tradicional no qual você compra, estoca e depois vende. E ainda se tem a oportunidade de escalar as vendas, já que é possível oferecer um sortimento de produtos maior. É como se

13 *Richard Meneghetti, empreendedor, em entrevista concedida ao autor em 2 de junho de 2020.*

14 *Pedro Henrique de Freitas Almeida, VP SMB da VTEX, em entrevista concedida ao autor em 3 de junho de 2020.*

fosse um grande catálogo virtual. Por outro lado, é preciso ter disponibilidade para trabalhar o *branding* e criar estratégias de vendas e marketing para se diferenciar do mercado e agregar valor aos produtos. Por exemplo: você pode vender um curso ou um e-book junto com o produto. Você aumenta o valor agregado entregando algo a mais para o cliente e, consequentemente, ganha em margem de lucro.[15]

Outra possibilidade de entrar no e-commerce com investimento baixo é se tornando um afiliado, como se fosse um promotor de vendas digital. Esse profissional compra mídia digital em diferentes plataformas, como Facebook e Google, para promover o produto que ele representa. Também pode recorrer a estratégias de marketing como o Google Ads para vender mais. Quando o produto é comprado por meio desses anúncios, o afiliado recebe uma comissão que varia de 2% a 40%,[16] ou seja, o lucro é proveniente do desempenho da campanha publicitária que o profissional aciona. Só que esse profissional não vende diretamente os produtos. Ele coloca seu dinheiro em mídia digital em diversas fontes de tráfego para ganhar a atenção do cliente e fazê-lo comprar clicando nesses anúncios. No Brasil, o mercado de afiliados ainda é pequeno, mas nos Estados Unidos movimenta cerca de US$ 6,8 bilhões ao ano com 80% das marcas usando essa estratégia de marketing.[17] A expectativa é de que em 2022 esse número chegue a US$ 8,2 bilhões.[18]

Em comum, essas duas formas de vender permitem ao empreendedor ter lucro sem um investimento financeiro alto. Por outro lado, exigem conhecimento do segmento em que vai atuar,

15 *Jeff Ecom, em entrevista concedida ao autor em 20 de maio de 2020.*

16 *Shirleyson Kaisser, CEO do Grupo KPG, em entrevista concedida ao autor em 4 de junho de 2020.*

17 *AFFILIATE MARKETING in the USA: Market Size by Number of Programs.* ***Am Navigator***, *30 nov. 2018. Disponível em: https://www.amnavigator.com/blog/2018/11/30/affiliate-marketing-programs-usa/. Acesso em: jun. 2020.*

18 *RAHAL, Amine. Affiliate Marketing In 2020: What It Is And How Beginners Can Get Started.* ***Forbes***, *23 jan. 2020. Disponível em: https://www.forbes.com/sites/theyec/2020/01/23/affiliate-marketing-in-2020-what-it-is-and-how-beginners-can-get-started/. Acesso em: jun. 2020.*

identificação da audiência e empenho para reavaliar as estratégias e mudar o curso quando for o caso. Seu foco deve ser o cliente final para entender o que ele quer e do que precisa; você está sempre um passo à frente dele, antecipando suas necessidades, criando anúncios que vão atraí-lo e oferecendo produtos que ele procura. Nessa situação, conhecer o nicho e seus comportamentos é garantia de vender mais e, claro, lucrar mais também.

LOJAS FÍSICAS

Com tantos canais de vendas digitais que se fortaleceram com a quarentena, a dúvida que surge é como ficarão as lojas físicas agora que todo mundo descobriu o comércio eletrônico. No entanto, a substituição de um pelo outro ainda não deve existir. Com um e-commerce que responde por 5%[19] de todas as compras no varejo, as lojas ainda são as protagonistas do varejo brasileiro, mesmo após a pandemia, quando teremos um fluxo de migrantes das lojas físicas para o comércio eletrônico. A tendência é que o on-line e o off-line caminhem juntos, o chamado *omnichannel*, processo que já vinha acontecendo, mas que foi acelerado com a quarentena. Com isso, o ponto físico ganha novas competências, como ser usado como centro de distribuição de mercadoria.

Com a reabertura das lojas, essa integração deve continuar, o que obrigará as lojas a se comportar de outra forma. "No Brasil, a gente vê muito a loja como ponto de venda, mas esse pensamento tem que mudar. A loja deve fazer o papel de atrair e se relacionar com clientes", explica Leonardo Santos, CEO da Indeva by VTEX.[20] Caberá ao vendedor proporcionar a experiência do produto ao cliente, mas isso não significa que a venda tenha que acontecer ali. Ela pode começar no físico e terminar no digital, por exemplo. Com isso, a loja tem uma relação digital com o consumidor, mas não deixa de ser humanizada. Ou o

---

19 MENDONÇA, Camila. *E-commerce cresce, mas mantém mesma representatividade no varejo geral*. **Novarejo**, 4 abr. 2018. Disponível em: https://www.consumidormoderno.com.br/2018/04/04/e-commerce-cresce-mas-representatividade-no-varejo-fica-estavel/. Acesso em: jun. 2020.

20 Leonardo Santos, em entrevista concedida ao autor em 5 de junho de 2020.

Você deve estar sempre um passo à frente do cliente, antecipando suas necessidades, criando anúncios que vão atraí-lo e oferecendo produtos que ele procura

contrário, começar no digital e terminar no físico. O indivíduo faz a compra pelo site, mas opta por retirar em loja a fim de acelerar a entrega ou não ter custo com o frete. Novas mudanças ainda acontecerão nesse setor. Vamos falar mais sobre o futuro das lojas e dos shopping centers nos próximos capítulos.

Com a aceleração do processo digital, ocasionada pela quarentena, as pessoas se acostumaram a realizar uma compra pela internet, mudando o comportamento de consumo. Muita gente que só comprava no shopping por impulso aprendeu a usar os apps de delivery e gostou da experiência. Para Leonardo Santos, por mais que o cliente finalize uma compra na loja, esse processo começa antes, no meio digital. Então, amplificar a presença digital, criando formas de se comunicar com o público enquanto ele ainda pesquisa o produto, é fundamental para acelerar as vendas. Um perfil no Instagram ou no Facebook e o uso do WhatsApp colocam o consumidor mais perto da sua marca. Não existir digitalmente será um erro grande das lojas físicas daqui para a frente. Elas precisarão existir digitalmente, seja por e-commerce, por marketplace, por aplicativos ou redes sociais, para atender a esse novo consumidor que surge a partir da pandemia e que, mesmo durante a reabertura, muitas vezes vai priorizar seu conforto – evitar o trânsito e a chateação de ter que ir até a loja, principalmente quando já sabe que quer um produto específico.

NOVOS CANAIS DE VENDA

Se fosse indicar uma ferramenta que foi definidora durante a crise no varejo durante a quarentena, eu apostaria no WhatsApp. Todo mundo passou a vender pelo aplicativo, desde grandes empresas até comércios pequenos, aproveitando a base de 130 milhões de usuários no Brasil.[21] O Magalu, para manter um relacionamento interativo com o consumidor, sempre que ele fazia uma compra ou quando era seu aniversário, ou enviando conteúdo exclusivo, já usava o WhatsApp como um canal de comunicação direto com a Lu, sua assistente virtual. Com a quarentena, todos os vendedores das lojas físicas que estavam trabalhando de casa também passaram a usar o aplicativo. Por ali, o cliente podia tirar dúvidas de produtos, consultar preços e negociar uma compra. Apenas o pagamento é feito fora da ferramenta, por meio de um link seguro disponibilizado pelo vendedor.

Embora as empresas ainda usem links externos ou até depósito bancário para receber o pagamento dos clientes, isso tende a mudar. É que o WhatsApp lançou em junho de 2020, enquanto este livro era escrito, o WhatsApp Pay, funcionalidade que permite aos usuários enviar e receber dinheiro sem sair do chat. Já as empresas podem receber pagamentos por produtos e serviços. Para isso, é necessário cadastrar um cartão de débito ou crédito no Facebook Pay, sistema de pagamentos do Facebook. Com essa mudança, o WhatsApp tem a chance de se aproximar do WeChat, aplicativo chinês que também nasceu para ser um app de mensagens, mas há algum tempo possui papel fundamental na economia da China e virou um superaplicativo que permite trocar mensagens, realizar pagamentos, pedir delivery, fazer compras em marketplaces, entre outras transações comerciais.

Para vender pelo WhatsApp, empenhe-se na divulgação do seu número. Coloque-o nos cartões de visita, nas embalagens, nas redes sociais, nos grupos de Facebook, Telegram e Instagram. Seja vendedor do seu negócio. Quanto mais espalhar o seu

---

21 *PANORAMA MOBILE TIME/OPINION BOX, Mensageria Brasil, fevereiro de 2020. Disponível em: https://panoramamobiletime.com.br/. Acesso em: 18 jun. 2020.*

contato, maiores as chances de as pessoas o chamarem. Nas redes sociais, você pode, inclusive, deixar o número cadastrado e o cliente só precisa clicar em um ícone para ser direcionado para a ferramenta. E empenhe-se em atender quando o consumidor chamar. Lincon Beraldo, da Atendimento Exclusivo,[22] afirma que, para se dar bem no WhatsApp, o empreendedor precisa ter disposição para atender. Não basta responder às mensagens e passar o preço, mas mandar vídeos dos produtos para os interessados, tirar as dúvidas, mostrar que realmente está à disposição. O atendimento faz toda a diferença nos resultados. Se você se propôs a usar o WhatsApp, deve estar disponível, mesmo que o use apenas como uma maneira de levar o cliente para a compra pelo e-commerce.

Quem abriu a mente encontrou, além do WhatsApp, outros canais de venda. O *streaming* foi um deles. A fabricante de chocolates Dengo usou o espaço das lojas fechadas para vender seus produtos por meio de transmissão ao vivo, em que o cliente conversa com o vendedor, como se estivesse em uma live. A venda é finalizada no site da marca.[23] A Gucci também criou um serviço de *streaming*, o Gucci Live, em que os vendedores ficam dentro da loja fazendo a demonstração do produto ao consumidor. Foi a primeira marca de luxo a entrar nesse segmento para levar a experiência da loja, com atendimento personalizado, a seu seleto grupo de clientes.[24] E com todos os protocolos de segurança da covid-19. Quem também procurou outros meios para atender a seus consumidores foi a Hinode, com um sistema de vendas apoiado em revendedores porta a porta e franquias. Enquanto os revendedores foram para as redes sociais, as franquias se reinventaram e passaram a vender

22   *Lincon Beraldo, em entrevista concedida ao autor em 19 de maio de 2020.*

23   *RIVEIRA, Carolina. Dengo, de chocolates, lança "venda por streaming" nas lojas fechadas. **Exame**, 8 maio 2020. Disponível em: https://exame.com/pme/dengo-de-chocolates-lanca-venda-por-streaming-nas-lojas-fechadas/. Acesso em: jun. 2020.*

24   *MCDOWELL, Maghan. Gucci's new tech bet: Personalised video shopping. **Vogue Business**, 2 jun. 2020. Disponível em: https://www.voguebusiness.com/technology/gucci-live-personalised-video-shopping. Acesso em: jun. 2020.*

pelo esquema de *drive-thru*: o consumidor faz seu pedido de dentro do carro, paga e recebe a compra com o mínimo de contato com o vendedor.[25]

Outras tendências devem crescer nos próximos anos, como vendas por games, smart TVs, e a reinvenção com mais força do merchandising e do SMS. Investir em novos canais é um desafio para o empreendedor, mas a transformação digital acelerou a necessidade de entrar nesses espaços de vendas. Não haverá mais um único ponto de venda. A compra será uma integração de vários canais e o empreendedor precisa se adaptar a isso.

LOGÍSTICA A FAVOR DO E-COMMERCE

Quando falamos em e-commerce, a logística tem um fator decisivo no sucesso do negócio, pois impacta tanto na satisfação do cliente como na sua lucratividade. Esse é o único meio de contato físico com o consumidor que comprou no on-line. A experiência de compra, portanto, está em receber o produto no prazo estipulado, ou antes dele. Um erro ali e você pode perder o cliente – esse e os próximos, porque quem faz uso de e-commerce não perdoa falhas e faz questão de deixar uma avaliação negativa que vai prejudicar suas próximas vendas. Por outro lado, uma logística bem estruturada é um diferencial valioso para o comércio virtual. Já na administração do negócio, a logística tem um impacto nos custos, representando até 12% do faturamento só com o valor do transporte.[26]

Para o consumidor, o valor do frete e o prazo de entrega são fatores relevantes na hora da compra, por isso os lojistas têm apostado em possibilidades de entrega, como retirada em loja. Alternativas como os *lockers* (armários que ficam dentro de estabelecimentos comerciais ou lojas de conveniência de bairros e são destravados perante uma senha previamente enviada ao cliente, já utilizados pela Amazon, nos Estados Unidos) devem

---

25 *Marilia Rocca, CEO da Hinode, em entrevista concedida ao autor em 28 de abril de 2020.*

26 *Aline Salles Kolesnik, Head VTEX VAS, em entrevista concedida ao autor em 4 de junho de 2020, e fundamentada na base de dados da VTEX.*

ser usadas pelas lojas nos próximos anos. "Acredito que teremos avanços em opções de entrega. Os *lockers*, por exemplo, reduzem custos, trazem comodidade ao cliente de retirar o bem dentro da sua rotina e, em alguns casos, até fora do horário comercial. A entrega via bicicleta é outra opção que ainda possibilita a inclusão de novos postos de trabalho e lojas sendo *pickup points* não só de produtos de sua própria rede", conta Aline Salles Kolesnik, Head VTEX VAS.[27] Também há um esforço na aplicação da tecnologia no setor logístico para que a experiência da entrega seja mais assertiva, oferecendo delivery agendado e com rastreamento em tempo real, com transmissão dessa informação ao cliente. Assim, ele sabe que horas o produto chegará em sua casa e pode até acompanhar o trajeto feito pelo motorista por meio de um link enviado por e-mail com o rastreamento do GPS do carro, atendendo a uma necessidade e exigência do consumidor que quer ter informações exatas do produto que comprou.

O varejista também se beneficia do trackeamento por conseguir gerenciar todas as entregas da empresa, mesmo que trabalhe com várias transportadoras. A VTEX tem uma ferramenta por meio da qual o vendedor acompanha, em tempo real, o horário em que a encomenda saiu do centro de distribuição, que horas chegou ao cliente, se houve atraso, se o produto foi devolvido e até o porquê da devolução. "Com isso eu empodero o varejista com informações da *last mile*, que é a última milha da entrega, para ele fazer uma gestão real do que acontece na rua e ter informações para o caso de precisar adotar alguma medida estratégica mesmo ao longo do dia", explica Patrick Rocha, sócio e VP da VTEX Tracking.[28] Sabendo o dia e o horário da entrega, o consumidor se prepara para receber o produto. Isso melhora a experiência de compra e evita devoluções ao estoque ocasionadas pela ausência de alguém para recebê-lo, aumentando o valor do custo operacional.

Lembrando que o varejista, no seu planejamento, precisa considerar a logística reversa, que acontece quando há devoluções,

27   *Idem.*

28   *Patrick Rocha, em entrevista concedida ao autor em 28 de maio de 2020.*

seja por arrependimento (previsto no Código de Defesa do Consumidor em até sete dias após a compra na loja virtual), seja por avarias, defeitos ou pela imprecisão das especificações informadas no site. No Brasil, a taxa média de devolução de mercadorias é de 5% dos pedidos entregues.[29] Quando isso acontece, o cliente se desloca até uma agência dos Correios e devolve o pedido ao varejista, que o recebe e envia um novo de volta, ou um vale-trocas, ou então reembolsa o valor pago. Há também transportadoras contratadas pelos varejistas, que, após a demanda do cliente, coleta a mercadoria e retorna ao centro de distribuição de origem. Lembre-se: quanto maior o item, maiores são as dificuldades e os impactos financeiros nessa operação, por isso o varejista tem que ficar atento para ser o mais assertivo possível e evitar devoluções.

Essa foi a introdução a possibilidades de canais de venda para o leitor explorar. Você pode escolher um foco para começar, alguns canais para investir e estudar mais. O Bullseye (ver na próxima página) é um framework apresentado no livro *Traction* (Penguin, 2015) que propõe focar os canais que darão a você mais tração de venda. Nele você encontra os 19 principais canais utilizados para aquisição de clientes e, ao centro, você chegará aos 3 principais para sua empresa. Essa ferramenta funciona como um círculo de camadas no qual na camada mais externa se encontram todos os canais existentes; na segunda camada, você define os canais que valem a pena testar; e, por fim, na camada do centro elege os 3 que geram o maior pontencial para você. É uma ferramenta muito importante para desenhar as prioridades dos canais de venda e, partindo do princípio da importância de conhecermos a fundo o produto e o público, entender qual canal de venda melhor atende o seu cliente é imprescindível nesse processo. O importante é partir desse conhecimento inicial para começar a desenhar seu plano de ação.

---

29 *Dados levantados pela VTEX.*

BULLSEYE FRAMEWORK

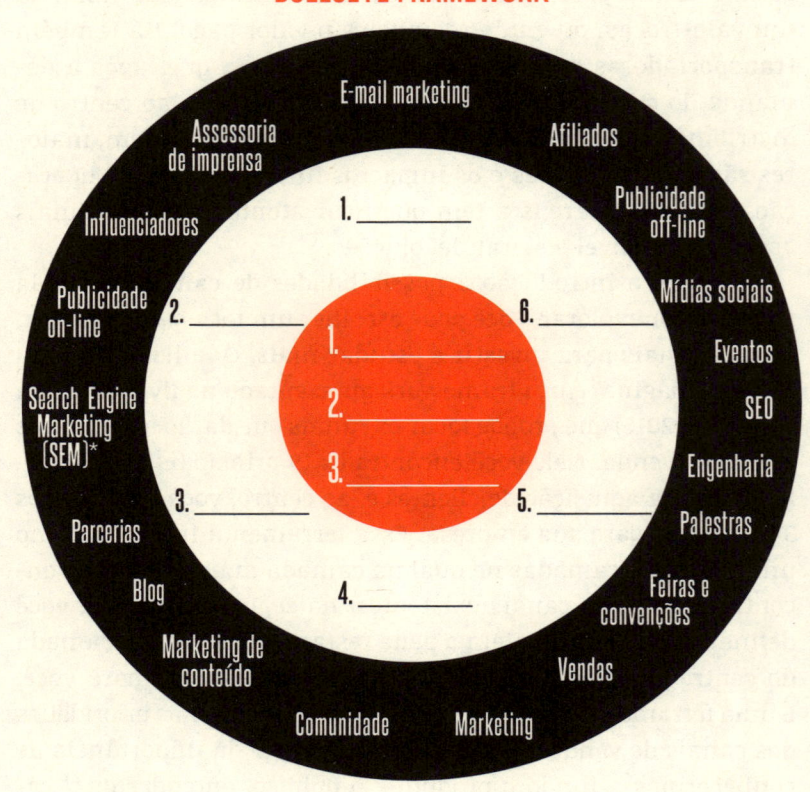

Quer assistir a todas as lives?
Utilize o QR code ao lado ou acesse
alfredosoares.com.br/g4lives

* Marketing para mecanismos de busca.

#BORAVAREJO

Marketing é engenharia, vendas é relacionamento.

@alfredosoares @boravarejo

4 DICAS PRECIOSAS PARA CONQUISTAR ALTA PERFORMANCE NOS MARKETPLACES

CAMILA DE OLIVEIRA, analista de comunicação do Olist

Quem pesquisa tendências do e-commerce certamente já conhece o potencial dos marketplaces. Esses canais funcionam como shopping centers on-line e recebem milhões de acessos diariamente. Por isso, lojistas que querem ter sucesso no varejo precisam marcar presença nos grandes sites.

Selecionei 4 dicas preciosas que vão ajudar sua loja a conquistar alta performance nos marketplaces e também compartilhei um bônus muito especial para você vender cada vez mais. Confira!

1. TENHA BOAS OFERTAS.

O preço é fator decisivo para sua loja ter alto desempenho no e-commerce. Por isso, recomendo que você diminua a margem de lucro ou ofereça frete grátis em alguns produtos para usá-los como chamariz. Anunciar kits de produtos nos marketplaces é uma boa estratégia para recuperar o valor aplicado nos descontos.

2. CRIE ANÚNCIOS DE ALTA QUALIDADE.

Caprichar no anúncio dos produtos é fundamental para que eles fiquem bem posicionados nos buscadores e sejam facilmente encontrados pelos clientes. Títulos, descrições e imagens de qualidade aumentam a taxa de conversão da loja e são um grande diferencial. Por isso, dedique muita atenção à etapa de cadastro de produtos.

3. OFEREÇA UM ATENDIMENTO EXCEPCIONAL.

Aumento das vendas, fidelização de clientes e ganho de reputação. Esses são só alguns dos benefícios que o bom atendimento gera às marcas. Pensando nisso, trabalhe para oferecer ao público experiências memoráveis e únicas. Pequenas atitudes, como enviar brindes e recados de agradecimento, já geram impacto.

4. DIVERSIFIQUE OS CANAIS DE VENDA.

Essa dica é crucial para você realizar uma trajetória de sucesso no varejo. Diversificando canais de venda, você evita a dependência comercial e amplia as fontes de faturamento. A partir disso, procure anunciar seus produtos em diferentes vitrines, sejam elas físicas, sejam virtuais – e-commerce, marketplaces, redes sociais.

Também convido você a conhecer o Olist, uma solução que ajuda lojistas a aumentar as vendas on-line com praticidade e eficácia. Fundada em 2015 por Tiago Dalvi, a empresa tem grande expertise em marketplaces e já conta com milhares de parceiros. Com o Olist, você pode anunciar em mais de 10 canais de venda diferentes e gerenciar todos os pedidos em uma única plataforma.

Acessando o link alfredosoares.com.br/olist, os leitores do *Bora varejo* podem contratar o Olist sem pagar taxa de adesão! Aproveite essa condição especial para conhecer o nosso trabalho e diversificar os canais de venda da sua loja.

#BORAFAZER

Escreva os top 5 insights que você pegou neste capítulo para começar a aplicar hoje

1.

2.

3.

4.

5.

6.

TODOS SÃO A LOJA: *SOCIAL SELLING* OU *SOCIAL SELLERS*

embro que uma vez entrei em uma loja e o vendedor, bem bacana e tagarela, me atendeu e, antes que eu fosse embora, perguntou meu perfil no Instagram, dizendo que me seguiria lá. Achei aquilo fantástico. O garoto tinha criado um perfil nas redes sociais como vendedor para manter contato com seus clientes. O que ele estava fazendo – e talvez nem soubesse – era praticar o *social selling*, ou seja, o uso das redes sociais para aumentar a interação com os consumidores e melhorar a efetividade das vendas.

Hoje em dia, qual é a maneira mais fácil de conhecermos uma pessoa se não seguindo seu perfil nas redes sociais? É ali que sabemos se ela viajou, se está feliz ou passando por algum problema, se tem filhos, se mora sozinha. Quando um vendedor cria um perfil exclusivamente para divulgar o local em que trabalha e passa a seguir seus clientes, está construindo a sua própria central de relacionamento, sem depender do dono da loja. É por lá também que divulga as promoções, um possível cupom de desconto ou frete grátis; além disso, pode participar ativamente da vida do consumidor, como parabenizá-lo no dia do seu aniversário ou contatá-lo em qualquer outro momento importante. Aquele vendedor que eu mencionei detectou a oportunidade, criou um perfil e passou a trabalhar o relacionamento com seus clientes para, consequentemente, vender. E mais: se algum dia sair daquela loja e for trabalhar em outro estabelecimento, ainda levará diversos clientes com ele, conseguirá oferecer seus novos produtos e manterá contato.

Social selling é o uso das redes sociais para atrair e se relacionar com o cliente

Quando levamos o *social selling* para dentro do universo de uma marca ele ganha novos contornos. Não basta ter um perfil e iniciar as postagens sem qualquer planejamento, ou disparar postagens frias, sem nenhum relacionamento com o seu cliente, suas dores e desejos, somente mostrando produtos e esperando que, por milagre, as pessoas se engajem com aquele conteúdo. Jr. Biro, da Post2B, ensina que, após descobrir em quais redes sociais seus clientes estão, a marca tem que inserir essa rede social no funil de vendas. Aí sim conseguirá entender que tipo de conteúdo atrai seu cliente e a melhor forma de abordá-lo.

A marca pode comprovar se a sua estratégia está dando certo calculando a taxa de engajamento, ou seja, o quanto seus seguidores se envolvem com o seu perfil na rede. Para isso, é preciso fazer uma conta: divida as interações (reações + compartilhamentos + comentários + cliques) pelo alcance, que é o número de pessoas que visualizaram a sua publicação; multiplique, então, o resultado por 100 para achar o percentual. No entanto, você pode fazer adaptações. Divida a interação pela quantidade de seguidores, por exemplo, e você chegará ao engajamento daquele grupo que o segue. Assim, você percebe que engajamento de 10% é um milagre; que um engajamento bom gira em torno de 1% a 3%; ou que a conversão de 2% (digamos que 2% dos seus seguidores clicaram naquele link e compraram por meio dele) é um ótimo resultado. Obtendo vários insights você cria um *dashboard* que o ajuda a definir as melhores estratégias e obter melhores índices.[1]

---

1 *Jr. Biro, em entrevista concedida ao autor em 9 de junho de 2020.*

USO DO *SOCIAL SELLING* NA CRISE

Usar as redes sociais para vender foi a principal medida das marcas assim que as lojas físicas foram fechadas. Essa migração para o digital já vinha acontecendo, mas andava a passos lentos; a pandemia, porém, acelerou o processo. Quem havia começado a percorrer a curva do aprendizado adaptou-se mais rápido e saiu na frente, e já tinha uma boa quantidade de seguidores, algo que não acontece da noite para o dia, e sim com consistência de publicações e interações com eles. No entanto, aqueles que não haviam pensado em começar a transformação digital enfrentaram um desafio. Não foi fácil pisar em um terreno desconhecido em um momento de crise, com todas as decisões para serem tomadas, e lidar com a concorrência de outras empresas adaptadas ao novo cenário.

Aproveitando o grande potencial de alcance e o aumento do uso nos dias de isolamento – Facebook, Instagram e WhatsApp cresceram 40%[2] no período –, as marcas que conseguiram se adaptar rapidamente foram às redes para mandar mensagens de positividade e avisar que estavam cuidando adequadamente da equipe, mantendo todos em casa e oferecendo alternativas seguras para os clientes e provas da sua transparência e lealdade. E, apesar de não serem considerados canais de venda, aplicativos como Instagram e WhatsApp foram fundamentais para salvar as vendas. É que, por meio deles, os vendedores (que eram da loja física e passaram a se relacionar de maneira virtual com os clientes) ativaram as vendas divulgando cupons de desconto para serem usados no e-commerce ou fazendo todo o atendimento a distância, deixando apenas a parte do pagamento para ser feita fora da plataforma. Arezzo, Reserva, Magalu e C&A foram algumas das empresas que conseguiram se adaptar em tempo recorde, oferecendo canais alternativos de atendimento e de compra.

A venda estimulada pelas redes sociais para os pequenos comércios de bairro, o *local commerce*, ganhou ainda mais espaço com o apoio de recursos disponibilizados pelas plataformas. O Instagram,

---

2   AGRELA, Lucas. *Como válvula de escape na quarentena, redes sociais crescem no mundo. **Exame**, 4 abr. 2020. Disponível em: https://exame.com/tecnologia/como-valvula-de-escape-na-quarentena-redes-sociais-crescem-no-mundo/. Acesso em: jun. 2020.*

por exemplo, criou o botão "pedir refeição" para ser ativado pelos perfis de negócios ligados à alimentação – recurso que ajuda, principalmente, as PMEs. Funciona da seguinte maneira: o cliente é atraído pelas fotos de comida – um nicho clássico do Instagram – e não precisa passar por muitas fases na sua jornada de compra, clicando diretamente na imagem que mais o impactou e sendo direcionado para os aplicativos de delivery que atendem a esse restaurante ou lanchonete. O Facebook, por sua vez, apoiou a criação da página Pertinho de Casa, uma iniciativa da Federação da Agricultura e Pecuária do Estado de São Paulo (Faesp) e de empresas como Accenture e VTEX, que conecta usuários que querem vender ou comprar de pequenos vendedores que moram próximos à residência do consumidor. A plataforma Pede Por Perto, por exemplo, foi outra iniciativa que surgiu para incentivar o *local commerce*. Funciona como uma lista telefônica digital com dados de pequenos comércios de todas as cidades do Brasil. Pelo site, o cliente encontra o produto ou serviço desejado e, por ali mesmo, consegue ser direcionado para as redes sociais, WhatsApp ou e-commerce da loja e efetuar sua compra. O lojista não paga nada para se cadastrar na plataforma e, além de ter a possibilidade de alavancar suas vendas, tem a chance de adquirir novos clientes. Já o movimento Cuide do Pequeno Negócio oferece ferramentas para o lojista anunciar seu negócio em redes sociais, conteúdo informativo para ele aprender mais sobre o comércio virtual e, ainda, a plataforma Compre Local, que conecta lojistas e clientes de bairro, tudo on-line. Inserir-se nessas iniciativas ajudou o microempreendedor a entrar de vez no jogo das redes digitais, algo almejado por muitos, mas adiado, antes da pandemia, pela falta de conhecimento e de orçamento.[3]

O *CASE* FARM

A marca de moda Farm não precisou correr para ensinar os vendedores a usar as redes para vender. É que desde 2013, quando nem eu

3   JULIO, Karina Balan. *Marketplaces e social commerce dão visibilidade a PMEs*. **Meio&Mensagem**, 29 abr. 2020. Disponível em: https://www.meioemensagem.com.br/home/marketing/2020/04/29/marketplaces-e-social-commerce-dao-visibilidade-a-pmes.html. Acesso em: jun. 2020.

#BORAVAREJO

Aprenda como atrair clientes antes de pensar no que vender.

@alfredosoares @boravarejo

nem você pensávamos em pandemia, ela já adotava o *social selling* usando os vendedores de loja também como vendedores dos canais digitais. Para Tiago Dowsley,[4] diretor de Transformação Digital do Grupo Soma, um vendedor não pode mais ficar esperando o cliente entrar na loja para vender. De que forma esse conceito foi trabalhado? Distribuindo um código de vendedor para seus funcionários, que sempre mantêm contato com os consumidores que visitam a loja física. Eles, então, divulgam esse número nas redes sociais próprias ou diretamente para o cliente que fora atendido na loja, mas não finalizou a compra, reforçando que no e-commerce o código pode ser usado no momento da aquisição de um produto, com a possibilidade de desconto. Quando isso acontece, esse vendedor ganha uma comissão. É como se estivesse na loja.

A experiência deu tão certo que o processo foi estendido para outras marcas do grupo – Animale, Fábula, Foxton, A. Brand – e representa 70% de todas as vendas on-line do Soma. Além do engajamento dos vendedores nas vendas, o grupo faz um trabalho de Gestão de Relacionamento com o Cliente (CRM) – traduzido do inglês *Customer Relationship Management* – para dar suporte de vendas aos funcionários, indicando clientes para quem eles podem ligar a fim de estreitar ou renovar o relacionamento com a marca. Quando as lojas foram fechadas, esse trabalho já existia e precisou apenas ser acelerado nas marcas recém-incorporadas Cris Barros e Maria Filó. Com os vendedores se dedicando em período integral às vendas digitais, a aquisição de clientes subiu quatro vezes e as vendas pelo site triplicaram quando comparadas com as realizadas no mesmo período do ano passado.[5] O resultado foi tão bom que o grupo já pensa em inovar mais uma vez e criar, no futuro, um programa exclusivo de vendedores on-line.

NOVO PAPEL DOS VENDEDORES DE LOJA

A quarentena acelerou o uso do *social selling* nas marcas, revelando-se uma poderosa ferramenta para atrair os mais diferentes perfis de clientes. Isso é tendência e acredito que o que as empresas

4   *Tiago Dowsley, em entrevista concedida ao autor em 2 de junho de 2020.*
5   *Evolução do Cenário Frente ao Covid-19. Grupo Soma, maio 2020.*

aprenderam agora vai permanecer; trata-se de um relacionamento e uma facilidade com a qual o cliente se acostuma fácil. É bom ser atendido, ter a comodidade de receber algo em casa. No entanto, o uso do *social selling* mostrou também que, a partir de agora, o perfil do funcionário de loja precisa mudar. Ele não será mais o cara que, além de vender a roupa para quem entra, fica pairando sobre o cliente esperando que ele pergunte o preço. Será

Um vendedor não pode mais ficar esperando o cliente entrar na loja para vender

o responsável pela experiência do consumidor, em mostrar os produtos, mas também em revelar os conceitos da marca, os seus valores e propósitos. Se a compra vai acontecer lá ou no e-commerce, não importa. Afinal, todos são a loja. Pode ser que a venda nem aconteça. O essencial é esse trabalho de qualidade de atendimento. É isso o que a Farm já faz. Às vezes o cliente vai à loja, é atendido e não leva nada – mas ainda vai comprar pelo código do vendedor, então nada se perde.

Para trabalhar nesse novo conceito, o dono da loja também precisa mudar sua forma de pensar. Ainda há muitos que proíbem o uso do celular durante o expediente de trabalho. Eu vou lhe dar um conselho, lojista: pare de reclamar que seu vendedor fica com o celular na mão o tempo todo. Ao contrário, estimule-o a se relacionar com o cliente! Ele pode ser um canal a mais de venda, pelo qual você não tem custo algum.

CRIAÇÃO DE CONTEÚDO

O novo normal mostra canais de vendas se transformando em mídia, e mídias ganhando destaque como canal de conversão de negócios. Essa transformação passa pela criação de conteúdo de qualidade. Thiago Reis, da Growth Machine, é especialista em crescer as vendas de qualquer negócio usando recursos digitais e compara o conteúdo para a influência ao combustível de um carro: "Assim como um carro não chega a lugar algum sem combustível, quem não tem um bom conteúdo não consegue escalar seu alcance. Conteúdo constrói autoridade, aumenta sua visibilidade e melhora a percepção de marca".[6]

No entanto, é importante entender que fazer conteúdo não é falar só do seu produto ou serviço, que deve ficar em segundo plano. O conteúdo que atrai a atenção do consumidor é aquele que gera valor e resolve os problemas do cliente. Além disso, é necessário ter frequência e disciplina, ou você será esquecido diante da avalanche de conteúdos que os concorrentes e praticamente todos os negócios produzem. E também é preciso pensar no longo prazo, principalmente na época da quarentena, quando a quantidade de lives acontecendo simultaneamente e a disponibilização de informações gratuitas têm sido tão grandes, em um momento em que o consumidor está mais distante, mais preocupado com as questões de saúde. Já falamos aqui que a XP Investimentos fez isso ao incorporar o portal de notícia *InfoMoney* ao seu grupo. O objetivo não é vender, mas compartilhar conhecimento e informações úteis para ganhar autoridade no assunto e atrair mais pessoas. E as redes sociais são um caminho aberto para quem quer criar conteúdo associado à marca.

Na China, o *live commerce*, que é fazer vendas por meio de *streaming*, como se fosse uma live, já existe há cerca de três anos, e um dos seus pilares é usar o conteúdo para depois vender produtos. As marcas envolvem o consumidor com informações relevantes ou histórias de vida enquanto vendem seus produtos ao vivo. A pessoa que faz a transmissão – um vendedor ou um influenciador (já vamos falar da importância deles no e-commerce chinês) – pode falar sobre as tendências em beleza enquanto experimenta um batom, por exemplo, ou ensinar a fazer uma maquiagem profissional, cheia de truques, ao mesmo tempo que vende todos os produtos que está usando. Ou pode falar sobre o uso de determinado acessório para compor um *look* e testar vários cintos, colares e outros itens, perguntando de qual deles as pessoas gostam mais. Quem está assistindo à transmissão interage, tira dúvidas e faz comentários. Se decidir comprar, pode fazer ali mesmo, pelo aplicativo.[7] É como dar vida aos produtos que aparecem estáticos

6   *Thiago Reis, em entrevista concedida ao autor em 11 de junho de 2020.*

7   *In Hsieh, em entrevista concedida ao autor em 20 de maio de 2020.*

#BORAVAREJO

Sucesso não aceita preguiça.

@joaoadibemarques
@alfredosoares @boravarejo

O conteúdo que atrai a atenção do consumidor é aquele que gera valor e resolve os problemas do cliente

nas prateleiras. Aqui ainda parece estranho, mas a China tem o maior mercado de *streaming* do mundo, e os marketplaces entraram nessa onda, tornando-se comunidades de conteúdo. Só o Taobao, um dos mais usados pelos chineses, abriga mais de 4 mil *hosts* de transmissão ao vivo que geram 150 mil horas de conteúdo on-line diariamente.[8]

A estratégia da China está muito longe da realidade do seu varejo? Se você pensar na grandiosidade desses números, sim. No entanto, as PMEs podem criar conteúdo para atrair clientes com os posts nas redes sociais (e por que não em uma transmissão ao vivo?). Se vende maquiagem, ensine a se maquiar, a limpar pincéis, a cuidar melhor das maquiagens. Se vende produtos saudáveis, fale de qualidade de vida e da importância da prática esportiva. Vende roupas? Então aborde as tendências, combinação de cores, ensine como cuidar das peças de roupas. Enfim, existe uma infinidade de pautas que podem ser trabalhadas. Caso não tenha habilidade para escrever, contrate alguém para criar o conteúdo do post ou o roteiro do vídeo, mas planeje-se, adéque-se e entretenha seu cliente. Faça-o ter vontade de acompanhar seu *feed*. Existem muitas agências especializadas em criar conteúdo e engajamento nas redes sociais. Você terá que investir? Sim, mas manter a presença digital diminui seu custo de aquisição de cliente (CAC) e fortalece a presença da sua marca. Pense nisso.

8   COMO O livestreaming está transformando o e-commerce na China. **E-Commerce Brasil,** 5 abr. 2019. Disponível em: https://www.ecommercebrasil. com.br/noticias/como-o-livestreaming-esta-transformando-o-e-commerce-na-china/. Acesso em: jun. 2020.

O PAPEL DOS INFLUENCIADORES DIGITAIS COM AS MARCAS

Apesar de a gente ouvir todos os dias que existem muitos influenciadores digitais, esse mercado ainda é mal explorado no Brasil. Sim, há influenciadores digitais ganhando milhões de reais na internet, mas as marcas não aprenderam a trabalhar de maneira assertiva com essas pessoas. Não basta procurá-los, entregar um texto sobre o produto e mandar que o publiquem em suas redes sociais ou falem sobre ele nos *stories* do Instagram. Os influenciadores podem ser usados para gerar conteúdo (de verdade) e transferir autoridade à marca nas redes sociais.

Na China, as redes sociais estão muito ligadas aos e-commerces, sendo usadas como rede de captação de *leads* para o marketplace. Então, as grandes empresas se tornaram fábricas de *influencers* digitais, porque elas conhecem os algoritmos (ou seja, os dados gerados pelas redes sociais) e conseguem definir o perfil ideal de *influencer* para cada ação ou produto. Então, em vez de ir ao mercado captar um indivíduo nesse perfil e gerir seu conteúdo, cria-se seu próprio *influencer*. Sabe-se qual é o retorno sobre investimento (ROI) desse novo *influencer* que se está criando.[9] Não tem erro.

Outro exemplo de como os influenciadores são pouco usados pelas marcas está no marketing de afiliados. O leitor se lembra de que falamos, no capítulo anterior, sobre o potencial desse mercado no Brasil? O influenciador pode ser um afiliado e conseguir resultados expressivos em vendas junto a marcas que têm *match* com seu perfil, ou seja, que combinam. Nesse caso, ele não ganha quando faz o post, o que normalmente acontece, e sim um percentual sobre as vendas que consegue converter.[10] O influenciador é comissionado, então só um post mostrando produtos não é o suficiente. Ele vai precisar inserir aquela marca no seu estilo de vida e demonstrar como determinado produto é imperdível.

Um trabalho feito com o influenciador correto gera maior conexão com o público-alvo e dá um rosto à marca (cria humanização) e, comparado ao valor das grandes para divulgar nas gran-

---

9 *In Hsieh, em entrevista concedida ao autor em 20 de maio de 2020.*
10 *Shirleyson Kaisser, em entrevista concedida ao autor em 4 de junho de 2020.*

des mídias, ainda é um custo muito menor. Quando você gosta muito de um indivíduo que segue, mesmo se não tiver interesse naquele cosmético específico, ou naquela roupa ou comida, com a repetição e o costume de ver aquela pessoa consumindo essas coisas, a marca acaba se tornando parte da sua vida – e você vai acabar consumindo aquele produto quando tiver a oportunidade. Isso acontece principalmente ao trabalhar com os microinfluenciadores – aqueles que têm entre 10 mil e 100 mil seguidores –, que, como conseguem falar mais de perto com o seu público, alcançam 22 vezes mais conversões do que os grandes influenciadores.[11] "Eles são vistos como mais acessíveis e as suas sugestões se tornam mais confiáveis para o seu público, pois falam como se fosse conselho de amigos", explica Jr. Biro. É o famoso "gente como a gente". Muitas marcas têm apostado neles para a divulgação do seu negócio.

CLIENTE COMO MÍDIA E PRODUTOR DE CONTEÚDO

Não é só o *influencer* que pode representar uma marca. Porque, se existe alguém que conhece o seu produto e pode dizer para várias pessoas o quanto ele é legal ou não, é o seu próprio cliente. Eu ainda vejo muita marca querendo transformar um usuário, como um influenciador, em seu cliente, fazendo-o criar ligação com a marca. Em vez disso, deveriam olhar para a sua base de cadastro. Isso significa pegar o seu consumidor – que é o indivíduo que tem afinidade com a sua marca – e transformá-lo em seu influenciador, distribuindo sua imagem e seu conteúdo autêntico para mais pessoas na internet. A isso chamamos de marketing de indicação, em que a marca utiliza os clientes satisfeitos para vender mais. Uma pesquisa do Texas Tech Institute mostra que 83% dos clientes satisfeitos com uma marca ou uma loja estão dispostos a indicá-la para os amigos, mas só 20% o

11 AVIS, Maria Carolina. *Porque os microinfluenciadores são importantes para o marketing.* **Meio&Mensagem**, 10 jun. 2019. Disponível em: https://www.proxxima.com.br/home/proxxima/how-to/2019/06/10/porque-os-microinfluenciadores-sao-importantes-para-o-marketing.html. Acesso em: jun. 2020.

fazem.[12] Isso acontece porque as empresas não os incentivam; elas nem lembram seus clientes de que eles podem fazer isso e não oferecem benefício algum para que *queiram* indicar um produto a alguém.

Realizar esse trabalho com o consumidor não é difícil. Por exemplo: peça ao cliente que faça um post da roupa que comprou usando a # da marca; assim, ele vai ganhar um brinde ou um desconto na próxima compra. Ou crie uma promoção TBT[13] + # da marca. Quem aderir à brincadeira ganha um cupom de desconto na próxima compra. São ações simples, você não gasta verba de marketing, ajuda o cliente a criar conteúdo autêntico e ele ainda divulga a sua marca. Isso é ter ideias e colocá-las a seu favor.

Um dos problemas desse boca a boca é que ele é orgânico, ou seja, você não tem controle sobre essas pessoas e, assim, não pode contar com isso para escalar vendas. A saída, então, é usar ferramentas que analisam o comportamento do consumidor para essa relação deixar de ser passiva e se tornar ativa. Rodrigo Noll criou um termo que define bem essa estratégia: boca a boca 2.0, que nada mais é que usar um conjunto de ações para explorar e ativar esse comportamento de indicação já previsível no ser humano para torná-lo um novo canal de vendas esperado e escalável. Uma das estratégias, e que cabe bem para os pequenos negócios, é agradecer ao cliente pelas indicações. Fale para ele que pode continuar indicando, que seu amigo é bem-vindo na loja, e mande-lhe algum agrado. Pode ser um chocolate, um livro ou um produto da marca. Ou, então, monte um programa de indicação com regras claras e que prevê benefícios pelas indicações convertidas em vendas. O importante é agradecer e confirmar que a indicação dele é relevante e importante. O cliente se sente privilegiado ao tomar a atitude de indicar, o que o incentiva a indicar cada vez mais.

12 *DECKER, Daniel. How to Close the Referral Gap. Texas Tech Today, 17 maio 2018. Disponível em: https://today.ttu.edu/posts/2018/05/close-referral-gap. Acesso em: jun. 2020.*

13 *TBT (throwback thursday – em português, algo como voltar à quinta-feira), uma brincadeira que faz sucesso no Instagram em que os usuários postam fotos antigas toda quinta-feira como forma de recordação de algum momento especial.*

Desperdiçar essa força do cliente como mídia é perder uma ótima oportunidade de fazer negócio dentro de um nicho de consumidores ideais. Como diz Rodrigo Noll: "Todo dono de empresa precisa entender que seus clientes vendem melhor que ele, porque conhecem muito melhor as pessoas que estão no seu meio social".[14]

MARCAS NATIVAS NA INTERNET

Desenvolver a sua marca por meio da criação de conteúdo na web e fortalecer a construção dela também pelos meios digitais é o que as *Digitally Native Vertical Brands* (DNVB – em português, marcas verticais e nativas digitais) sabem fazer muito bem. Esse termo significa que são as marcas que nascem no ambiente digital e que controlam a maior parte da sua cadeia de distribuição, vendendo diretamente para o consumidor final (D2C). Nesse caminho, elas usam, prioritariamente, a web para interagir, vender e se comunicar com sua comunidade.[15]

A Desinchá, marca de produtos saudáveis, publica diariamente conteúdos ligados a qualidade de vida e alimentação saudável em suas redes sociais. Também faz um trabalho de e-mail marketing com esses conteúdos e mantém um blog em seu site para publicar matérias desse segmento e receitas saudáveis. Além disso, quem compra o produto ganha um curso on-line focado em qualidade de vida. O conteúdo foi desenvolvido por nutricionistas e preparadores físicos, tem duração de sessenta dias e a ideia é que a pessoa transforme sua vida, aprendendo a viver de forma mais saudável. Para ter acesso ao curso, o cliente acessa o link que vem na parte interna da embalagem. Com isso, a empresa retém o e-mail do comprador, iniciando ali um relacionamento. Veja bem: ela não vende chás quando transmite conhecimento, mas a informação se torna um meio de levar o cliente até o produto e de fortalecer a sua comunidade. "Nosso cliente é um parceiro, uma pessoa que nos ajuda a desenvolver os produtos por meio do seu feedback e que merece receber

---

14 *Rodrigo Noll, fundador da Base Viral, em entrevista concedida ao autor em 9 de junho de 2020.*

15 *Arthur Blaj, fundador e presidente do Conselho da LIVO Eyewear e fundador e CEO da Além, em entrevista concedida ao autor em 4 de junho de 2020.*

conteúdo gratuito de alto valor em busca de um *lifestyle* mais saudável", diz Eduardo Vanzak,[16] cofundador da Desinchá.

A Gummy Hair, que também é uma DNVB – embora o Robson Galvão,[17] seu fundador, tenha me contado que quando criou a empresa não sabia da existência desse segmento, mas que já tinha certeza de que estava criando um modelo de negócio diferente de tudo –, usa a internet para divulgar a sua linha de produtos, que são vitaminas para cabelos, mas também consegue atrair clientes que fazem indicação do seu negócio. A marca tem cerca de 10 mil replicações espontâneas por mês nas redes sociais, o que dá a média de trezentos posts por dia de pessoas que marcam a empresa

Desenvolva a sua marca por meio da criação de conteúdo na web e fortaleça a construção dela também pelos meios digitais

em seus perfis, reforçando o desejo de terem o produto. "O gummy não é somente uma vitamina, é um viral. O volume disso é absurdo, nós criamos verdadeiros replicadores da nossa marca de forma gratuita. Essa é a propaganda com maior taxa de conversão que existe – quando um amigo recomenda para outro", conta Robson Galvão. Sua estratégia também envolve uso de influenciadores como embaixadores da marca num trabalho minucioso de escolha desses representantes. São meses analisando, diariamente, como vivem, como agem, quais são suas dores e desejos. Robson conta que a ideia é encontrar aqueles que se identificam com o conceito da marca, a usam de verdade e desejam trabalhar esses produtos.

Esse cuidado e carinho com a construção da marca são características mais relevantes nas DNVB, tanto que elas viram verdadeiras

---

16 *Eduardo Vanzak, em entrevista concedida ao autor em 18 de junho de 2020.*

17 *Robson Galvão, em entrevista concedida ao autor em 3 de junho de 2020.*

comunidades entre seus clientes. Esse resultado é consequência do DNA digital dessas marcas, que conseguem criar proximidade por meio da análise de dados capturados em todos os estágios da jornada do consumidor. Esses dados também ajudam a guiar a experiência do cliente dessas marcas. Como tudo é monitorado, dá para perceber fricções na experiência e agir rapidamente para resolvê-las, algo que poderia levar tempo em uma loja física. "Se você vai a uma loja de tênis num shopping e compra um produto danificado de uma marca, a loja precisa notificar a marca, que vai analisar o que aconteceu e só depois dará um retorno ao cliente. Isso gera uma experiência frustrante. Em DNVBs esses atendimentos costumam ser muito ágeis, e também generosos, dada a natureza de margens mais altas do negócio e dado o contato direto da indústria com o consumidor final", explica Arthur Blaj,[18] especialista no assunto e fundador de duas marcas nesse segmento.

Como o leitor conseguiu ver, ter presença no digital é parte imprescindível no processo de construção de uma marca. Por meio dele você se relaciona, gera conteúdo (resolvendo dores e problemas do cliente), cria experimentação e, como consequência disso tudo, vende. Afinal, esse é o seu objetivo final, e não o começo do seu relacionamento com o cliente.

Quer assistir a todas as lives?
Utilize o QR code ao lado ou acesse
alfredosoares.com.br/g4lives

---

18 *Arthur Blaj, em entrevista concedida ao autor em 4 de junho de 2020.*

#BORAVAREJO

Não adianta conhecer seus defeitos e não confiar nas suas habilidades.

@alfredosoares @boravarejo

INFLUENCIADORES NA ERA DIGITAL

JÚNIOR BIRO, especialista em plataformas e fundador da Post2B

PRISCILA JAFFÉ, especialista em influenciadores

Na era digital, somos bombardeados por conteúdos a todo momento em todas as redes sociais e, apesar de pouco provável, é possível que você ainda não saiba, mas somos influenciados o tempo inteiro. Aproveitar essa comunidade de contatos e influenciar as pessoas é fundamental para que possamos estar conectados e próximos com o nosso cliente final, assim, separamos uma lista de técnicas imprescindíveis para que você possa influenciar também em suas redes sociais.

1. **CONTRATE UM INFLUENCIADOR.**
Essas *personas* possuem uma conexão muito forte com seu nicho e, em geral, produzem um conteúdo humanizado, com maior flexibilidade e com um papel diretamente ligado à tarefa de criar *lovers* para a sua marca.

2. **ESCOLHA O INFLUENCIADOR CORRETO.**
Para esta tarefa é preciso entender o seu avatar e encontrar o *match* perfeito de perfil de influenciador. Olhe para quem se comunica com o seu público, visualize as ferramentas de comunicação que usa e analise as métricas de retenção. Depois, avalie o objetivo da campanha, a mídia que você gostaria de usar, o formato de conteúdo que você prioriza, o *budget* da campanha e quais resultados você gostaria de atingir.

3. **CRIE UM ROTEIRO.**
Antes de sair distribuindo produtos e pedindo para que influenciadores falem sobre o que você está disponibilizando, é preciso criar um roteiro e encaminhar um briefing para este contato. É importante que o influenciador saiba exatamente sobre o que a campanha é e por qual motivo ela foi criada. A elaboração de um bom briefing faz com que o influenciador

consiga se preparar da melhor maneira para a divulgação e, consequentemente, que o anúncio seja mais assertivo.

4. VANTAGENS NO LONGO PRAZO.

Depois de escolher em quais perfis de influenciadores a sua marca estará, é preciso analisar os resultados. Em alguns casos, você não atingirá o resultado esperado, em outros, receberá um enorme retorno. Com essa análise é possível criar os embaixadores da marca, passando mais credibilidade do produto para o público e gerando mais interesse no serviço divulgado.

5. GASTOS LIMITADOS... E AGORA?

Caso você esteja com um orçamento menor, você pode escolher investir em microinfluenciadores. A retenção de clientes nesses casos é bem efetiva contanto que você consiga fazer a escolha assertiva para o público do seu produto.

6. #PUBLI E #RECEBIDOS.

O publi é um post patrocinado e acontece quando a marca propõe aos influenciadores que divulguem o produto a partir de um valor oferecido, já os "recebidos", ou então *sending*, é uma estratégia na qual você envia produtos em uma embalagem bonita, com uma mensagem personalizada sem embutir um custo de divulgação para o influenciador. Por ser uma divulgação sem custo, é possível que o influenciador não faça. Este tipo de ação costuma ter menor retenção por falta de estratégia ou até mesmo de atenção, mas pode funcionar bem se for uma parceria.

7. CUPOM DE DESCONTO, PROMOÇÃO E FRETE GRÁTIS.

Aqui estão mais algumas ferramentas que podem aumentar a afetividade do público com a marca e as quais você pode utilizar como estratégia para a divulgação dos influenciadores.

Com o planejamento correto e as escolhas certas é possível que você faça o seu produto chegar a uma enorme quantidade de pessoas e, assim, aumente a sua taxa de conversão de vendas.

Acesse o link alfredosoares.com.br/influenciadores e encontre mais sobre como poderá utilizar este conteúdo em seu negócio.

#BORAFAZER

Escreva os top 5 insights
que você pegou neste
capítulo para começar
a aplicar hoje

1. _____

2. _____

3. _____

4. _____

5. _____

7.

NOVO CONSUMIDOR: A ERA DO RELACIONAMENTO

O mercado já atravessou diferentes momentos quando falamos de marketing. Passamos pela propaganda e publicidade, em que o principal objetivo estratégico era vender e um bom anúncio com veiculação nacional era a forma de atrair as pessoas para a compra do produto. Depois, entramos na era do conteúdo, na qual o importante era informar; muitas vezes ouvimos que era importante educar o cliente para que ele consumisse o produto, entendesse a necessidade dele e soubesse como poderia resolver o problema pelo qual passava. Agora, vivemos o tempo do relacionamento, em que as marcas precisam e devem virar uma comunidade para ter uma dinâmica de troca com o consumidor, principalmente pós-pandemia. "Fica muito claro que as empresas devem representar valores. A partir de agora, o cliente vai se perguntar qual é o real significado de uma marca antes de consumi-la", analisa o publicitário Nizan Guanaes.[1] Faz todo sentido, o ambiente está muito competitivo, são muitos vendedores comercializando o mesmo produto, e muitas vezes seremos iguais aos olhos do consumidor: mesmo preço, mesmo produto, mesmo frete, a não ser pela essência e pelo significado da marca. Aí que está o critério de desempate quando o mercado satura. Eu concordo com o Nizan quando ele diz que uma marca não pode só vender um produto, mas se mostrar, de alguma forma, interessada pela sua audiência. "Acabou a era do mimimi, da conversa fiada. Tem que ser verdadeiro. E essa é a hora da verdade", ele decreta.

---

1   *Nizan Guanaes, em entrevista concedida ao autor em 6 de abril de 2020.*

Vivemos o tempo do relacionamento, em que as marcas precisam e devem virar uma comunidade para ter uma dinâmica de troca com o consumidor

Fred Gelli, CEO da Tátil Design, enxerga que, nesse novo cenário, as marcas deverão, inclusive, se comunicar de forma diferente com seus clientes. "Não fará mais sentido comprar espaço de mídia para falar apenas do seu produto. As marcas terão que gerar valor na vida das pessoas usando seu DNA e aí sim capturar retorno em relevância, em construção de relacionamento", diz.[2] É o que ele chama de marketing de valor compartilhado, em que a preocupação em gerar impactos sociais, culturais e ambientais positivos aparece antes do seu produto e dos resultados da empresa.[3]

De olho nesse novo consumidor, as empresas vêm se estruturando e criando estratégias para se aproximar cada vez mais do seu cliente, entre outras opções partindo da análise da pirâmide de necessidade desse consumidor e entendendo como chegar a ele de maneira mais efetiva. Concebida pelo psicólogo Abraham H. Maslow, a pirâmide baseia-se na ideia de que todos os seres humanos esforçam-se para satisfazer suas necessidades pessoais e profissionais, hierarquizando essas demandas em um esquema que vai das necessidades mais baixas até as necessidades mais altas. Com ela, a ideia principal é que possamos nos lembrar diariamente que

---

2   Fred Gelli, em entrevista concedida ao autor em 20 de maio de 2020.

3   BARBOSA, Vanessa. Como o valor compartilhado está reinventando negócios e o lucro. *Exame*, 29 set. 2017. Disponível em: https://exame.com/negocios/valor-compartilhado-esta-reinventando-os-negocios-e-os-lucros/. Acesso em: jun. 2020.

estamos lidando com seres humanos que possuem urgências, demandas e desejos diferentes entre si e a clareza nesse processo possibilitará que você compreenda a essência do perfil consumidor com o qual está lidando e seus comportamentos. Veja a seguir a pirâmide e cada um dos níveis dela.

PIRÂMIDE DE NECESSIDADE

REALIZAÇÃO PESSOAL — *criatividade, talento, desenvolvimento pessoal.*

ESTIMA — *reconhecimento, status, autoestima.*

SOCIAL — *amor, amizade, família, comunidade.*

SEGURANÇA — *segurança da família, do corpo, da propriedade.*

FISIOLOGIA — *comida, abrigo, água, sono.*

Existe uma série de ferramentas que auxiliam nesse processo de aproximação (vamos falar sobre isso mais para a frente), mas nenhuma delas dá conta de fidelizar o cliente sozinha, sem o atendimento humanizado, que faz toda a diferença. Principalmente quando esse contato não está atrelado às vendas. É preciso ter *feeling*. A pandemia deixou isso muito claro. O cliente pode nem comprar de você nesse período, mas, dependendo de como é tratado, nunca mais esquece a sua marca. Uma mensagem dizendo "Oi, como você está?" tem um impacto muito maior do que se você mandar uma oferta. Uma franquia de depilação a laser enviou uma mensagem no WhatsApp para todas as suas clientes, informando que os médicos contratados pela empresa estavam disponíveis para teleconsultas caso elas apresentassem sintomas de covid-19 ou outras doenças durante o período de quarentena sem custo extra – para que elas pudessem evitar ter de sair desnecessariamente. Em um momento em que a franquia está parada e esses profissionais estão em casa, não existe investimento melhor do que esse. Mandar uma mensagem desejando um bom-dia ou perguntando se o cliente está bem e se colocando à disposição, via chat, para bater um papo, oferecendo um e-book de meditação, afirmações positivas, dicas de bem-estar para quem está em casa, são ações mais bem-sucedidas do que simplesmente enviar a oferta do dia. Não estão focadas em conversão, e sim em aproximar o cliente da marca.

O Nubank aposta tanto nessa ideia que já tem na sua cultura o encantamento do cliente. "Queremos criar uma conexão emocional com o cliente. Queremos que ele termine o chat quando entrar em contato com a gente e fale 'que incrível essa empresa'".[4] Uma das suas iniciativas é o WOW, que são pequenos presentes enviados aos clientes quando há uma interação significativa. Vários WOWs do Nubank já viralizaram na internet, como uma sanduicheira roxa enviada a um cliente após ele ter tido problemas para comprar um sanduíche de madrugada e um Pikachu com capa roxa, recebido por um fã de Pokémon. Até a Belinha, cachorrinha que comeu o cartão do seu dono, ganhou um brinquedinho do Nubank.[5] Dessa forma, cria-se uma relação descontraída e generosa com o cliente, porém mantendo-se a excelência. Vivendo em um mundo no qual os bancos exigem tanto (decore dez senhas, cadastre sua digital, apresente muitos documentos), mas não oferecem praticamente nada sem cobrar altas taxas, o Nubank fica gravado na memória das pessoas e se torna a primeira indicação que elas farão para um amigo.

O atendimento de qualidade também está ligado ao tipo de profissional que trabalha nesses departamentos. As empresas precisam contratar indivíduos que gostem de pessoas, que se interessem pelos problemas dos outros e se empenhem em resolvê-los como se fossem seus. Cristina Junqueira, do Nubank, fala o seguinte: "Eu posso lhe ensinar o que for, mas não posso lhe ensinar como se importar com algo". Cuidar da empresa de dentro para fora, portanto,

4 Cristina Junqueira, em entrevista concedida ao autor em 24 de abril de 2020.
5 MIMOS NUBANK: o que são os presentes enviados para clientes? **Blog Nubank**, 3 out. 2019. Disponível em: https://blog.nubank.com.br/wow-o-que-sao-os-presentes-enviados-pelo-nubank/. Acesso em: jun. 2020.

pode ser um caminho para começar a pensar no relacionamento com o cliente.

Para Cristiano Chaves, Head de Relacionamento na Arezzo&Co, relacionar-se com o cliente já é uma obrigação: "As empresas que se limitam a apenas atender, de forma robotizada, já ficaram para trás. E mesmo aquelas que não ficaram para trás porque têm um produto ou serviço muito bons e isso lhes garantia uma vantagem, mas que não têm um relacionamento adequado com o cliente, neste momento de transformação que estamos vivendo, ficarão para trás".[6] A importância é tanta que o relacionamento estreitado se torna diferencial na decisão de compra. A Arezzo&Co há anos aposta no atendimento mais humano e, na quarentena, mesmo colocando toda a sua força de trabalho para atender só pelo WhatsApp, para dar conta do volume de solicitações, fez questão de continuar seguindo essa linha. "Quando a pessoa nos manda uma mensagem, primeiro perguntamos como ela está, estabelecendo, assim, um contato. Não importa se ela quer trocar um sapato ou fazer uma compra. Por que não perguntar como ela está neste momento de quarentena? Dar uma palavra de conforto? A cliente se sente acolhida", explica Cristiano Chaves. A equipe, mesmo em home office, e tendo esse cuidado com a cliente, conseguiu quadruplicar as vendas.

Quando um consumidor entra em contato com uma empresa, geralmente ele tem um problema e espera uma resolução. O que a marca deve fazer é atender e resolver o problema, fazendo o cliente perceber o quanto é importante para aquela marca. Isso gera conexão e aumenta o relacionamento entre ambos. "Ele tem que se sentir único e ver aquela marca como única também", conta Cristiano Chaves.

RELACIONAMENTO COM *LEADS*

O relacionamento, porém, não começa só quando o cliente efetua uma compra. As marcas devem traçar estratégias que captam os *leads* dependendo de onde eles se encontram na sua jornada de compra e onde se posicionam no funil de vendas, iniciando

---

6 *Cristiano Chaves, em entrevista concedida ao autor em 4 de junho de 2020.*

O relacionamento não começa só quando o cliente efetua uma compra

ali o encantamento. O uso de *landing pages* (páginas de captura para as quais o cliente é redirecionado) é uma dessas estratégias. Nela, o cliente, que se interessa por determinado assunto, faz um cadastro para ganhar um benefício: pode ser mais informações, um e-book, novas receitas, acesso a alguma ferramenta específica do seu negócio. O cliente fica satisfeito porque teve um ganho e a empresa conquista um cadastro.

Outra estratégia é o uso de e-mail marketing, melhor forma de se comunicar com o consumidor.[7] Pela ferramenta, são disparados e-mails automáticos para um banco de dados, criando o relacionamento com o cliente em diferentes etapas: primeiro, estabelecendo confiança, distribuindo conteúdo de qualidade; depois, apresentando seu produto ou serviço; e, mais para a frente, vendendo o produto com condições especiais para quem faz parte do *mailing*. É um trabalho feito aos poucos. O e-mail marketing também pode ser usado com os clientes que já compraram da empresa. Pode ser disparado um e-mail avisando que novos produtos chegaram, perguntando se precisam de reposição ou ativando uma promoção, por exemplo.

Outra maneira de se relacionar é com cursos a distância. Diego Carmona, do Lead Lovers, acredita que é um poderoso gerador de valor para a empresa vender. Pode ser um curso oferecido por uma *landing page*, na qual o cliente pode se inscrever para receber o curso por e-mail. Ou, então, oferecendo cursos para quem compra o seu produto: o cliente compra o produto e ainda ganha um curso para aprender a fazer a manutenção dele, por exemplo. "Ele agrega valor ao produto e não tem custo muito maior para colocar em ação", explica Carmona.

---

7   *Diego Carmona, em entrevista concedida ao autor em 28 de abril de 2020.*

INTELIGÊNCIA ARTIFICIAL

Com essas estratégias de automação de marketing aliadas à captação de cadastro dos clientes, as marcas conseguem uma infinidade de informações que ajudam a traçar o perfil da sua clientela. No entanto, seria impossível analisá-las sem o uso da tecnologia. Por isso, existem ferramentas que potencializam o entendimento desses dados e ajudam as marcas a atingir um alto nível de profundidade na relação com seus consumidores ou na captação de *leads*. Por trás disso está a Inteligência Artificial, tecnologia que, como o cérebro humano, tem a capacidade de aprender e processar informações – mas, claro, numa velocidade e capacidade muitíssimo maior que a humana.

Os sistemas de recomendação, por exemplo, usam a Inteligência Artificial para captar os gostos de milhões de clientes e cruzar os dados entre eles, encontrando afinidades. Esse processo é fundamental para conhecer melhor o consumidor, o mercado em que está atuando e garantir vantagens diante da concorrência. Com a compilação desses dados, é possível recomendar uma nova peça de roupa ao cliente ou um livro que talvez ele queira comprar; pode-se recomendar um curso ou oferecer um brinde de uma marca parceira sem atrelar a venda – apenas para que o cliente se sinta visto, compreendido pela marca e, acima de tudo, beneficiado. É o mesmo sistema usado em plataformas de *streaming*, como a Netflix, para mostrar os filmes mais recomendados para cada assinante. No varejo, pode ser usado num e-mail com uma seleção de roupas, ou até mesmo dentro de um site, criando uma barrinha automática de itens já pesquisados e outra de recomendados.

Outra ferramenta que usa a Inteligência Artificial é o *chatbot*, que atua como um atendente e apresenta soluções para as demandas por meio de chats. Ele responde a dúvidas, interage com o cliente usando uma linguagem natural e consegue resolver problemas com agilidade e rapidez.

Foi também captando os dados dos clientes que a Reserva criou o Now, um software que cruza as preferências de cada consumidor com os dados de produção da empresa. Assim, a marca consegue saber quais peças parecidas à compra do consumidor foram produzidas. Aplica-se a isso a Inteligência Artificial e chega-se a uma lista de produtos selecionados de acordo com o perfil do cliente. E assim foi criado o Reservado, uma caixa com esses produtos que é enviada para a casa do consumidor sem compromisso. Ele experimenta com calma e adquire o que quiser. O vendedor cobra as compras no cartão de crédito e recolhe o que não foi escolhido. É uma forma de mimar o cliente, antecipar necessidades dele. E quem não gosta de ser visto, entendido e mimado? Todo ser humano gosta!

Não criar laços com o seu cliente é jogar fora grandes oportunidades de negócio. É o que acontece com aquelas lojas temporárias que vendem decoração de Natal. Os vendedores só estão ali para trabalhar por dois meses; não existe cultura, engajamento, encantamento. O único objetivo é ganhar dinheiro. Quem tem um negócio de longo prazo não pode pensar assim. Ou você encanta o cliente, ou está fora do jogo.

Quer assistir a todas as lives?
Utilize o QR code ao lado ou acesse
alfredosoares.com.br/g4lives

#BORAVAREJO

Enviar promoção para o cliente não é relacionamento.

@alfredosoares @boravarejo

O PROTAGONISMO DAS FERRAMENTAS DE MENSAGENS

Não é de hoje que as ferramentas de mensagens estão ajudando pequenos e médios negócios a alavancarem as vendas, entretanto, neste período de crise o protagonismo das mensagens direcionadas foi imprescindível para aproximar clientes de marcas e até mesmo salvar negócios que passaram por dificuldades.

A AUTOMAÇÃO DO MARKETING: SMS & E-MAIL MARKETING

DIEGO CARMONA, fundador e CVO da Leadlovers

Com uma base valiosa de informações e a criação de conteúdos assertivos para o cliente final, existem duas técnicas que podem ajudá-lo no processo de automatização e, consequentemente, elevar as vendas do seu negócio sem que você precise aumentar a equipe de vendedores.

1. **E-MAIL MARKETING:** é uma das principais estratégias do marketing digital cuja premissa é entregar e-mails para um público segmentado, conhecido também como lista de contatos ou *lead*. Quanto mais este conteúdo for personalizado, mais você atingirá as expectativas do público e se relacionará de uma maneira humanizada com ele.

2. **SMS MARKETING:** é um dos canais mais inexplorados pelo marketing e que pode trazer resultados extraordinários, não apenas pela rapidez com que os usuários em geral abrem a mensagem, mas também pelo fato de que é altíssimo o tempo médio em que as pessoas utilizam os seus *smartphones*. Durante o período de pandemia, foi uma ferramenta fundamental para avisos importantes e lembretes de eventos on-line.

Com estas duas ferramentas é possível que você alavanque as vendas do seu negócio e consiga resultados inimagináveis.

O PROTAGONISMO DO WHATSAPP NAS VENDAS DO NOVO NORMAL

LINCON BERALDO, criador do Zap4Business

Ultrapassando a marca dos 2 bilhões de usuários no mundo todo, o WhatsApp pode ser considerado uma das melhores ferramentas para atender e vender no mundo digital. Esses números demonstram não só o alcance adquirido, como também a vantagem e a facilidade de utilização, que pode ser aplicada para pequenas, médias e grandes empresas.

Por ser uma ferramenta gratuita, é também democrática e facilitará o seu contato com o consumidor e, para ajudá-lo com essa tarefa, listei um *checklist* básico para que você tenha um WhatsApp lucrativo:

1. ☐ Segmente os seus clientes por perfil e crie uma base de dados que ajudará na melhoria da sua *persona*, dos seus produtos e da sua comunicação.
2. ☐ Notifique seus clientes com status de compra, de envio e, ao final, pergunte como foi a experiência de compra.
3. ☐ Crie grupos com os principais contatos e mantenha um relacionamento ativo.
4. ☐ Utilize com seu time a ferramenta profissional do WhatsApp para Negócios e todas as suas automações.
5. ☐ Faça um atendimento incrível e transmita uma boa energia utilizando uma escrita informal, atrativa e *emojis*.

Crie uma cultura a partir de agora na sua empresa. Seus colaboradores precisam ser ativos no WhatsApp. Foque os clientes e potencialize seu relacionamento com base na recorrência e no LTV. Não seja inconveniente, seja relevante e especial para seu cliente. Transforme sua simples mensagem em uma notificação indispensável.

Para mais informações e conteúdos imperdíveis, acesse o link alfredosoares.com.br/relacionamento.

#BORAFAZER

Escreva os top 5 insights
que você pegou neste
capítulo para começar
a aplicar hoje

1.

2.

3.

4.

5.

8.

NOVO MARKETING DESCENTRALIZADO

Não há dúvidas de que o marketing é uma ferramenta eficaz e fundamental tanto para as pequenas e médias empresas quanto para as grandes. O que se coloca em questão é como o marketing deve atuar para ser mais assertivo e ajudar uma marca, principalmente em épocas de crise, quando tudo está uma loucura e o mercado, completamente instável. A minha resposta é simples: descentralizando esse departamento, ação que o empodera e o faz ter autonomia e protagonismo para atacar os pontos de atenção de determinado negócio.

A maioria das empresas brasileiras ainda adota o sistema de marketing centralizado, modelo no qual um departamento de marketing – muitas vezes, uma agência contratada – fica responsável pela comunicação da marca, distribuindo-a para os lojistas. Assim, a loja que funciona em Manaus recebe a mesma peça publicitária distribuída às lojas de São Paulo e de Porto Alegre. Todas as campanhas também acontecem coordenadamente: campanha de Páscoa, de Dia dos Namorados, de Natal e assim por diante. Isso vale também para posts nas redes socais, folhetos, promoções. O problema desse modelo é que, além de deixar de lado as diferenças culturais de cada região, ficam de fora oportunidades de trabalhar vendas ancoradas em eventos atípicos. Além disso, a jornada do consumidor e sua posição no funil de vendas são desprezadas.

Eu acredito que vamos viver um movimento forte em que o marketing vai ser dividido dentro das empresas para que times diferentes criem estratégias focadas em objetivos distintos. Quebra-se o departamento no modelo de *squads* – aquele em que pessoas com habilidades variadas, multidisciplinares, trabalham juntas em um projeto –, por exemplo, ao separar uma equipe para aquisição de novos clientes e outra para retenção de clientes no pós-venda, descentralizando-as a fim de que haja uma conversa com o cliente em todos os momentos da jornada de compra, e que ele sempre seja convertido a mais uma etapa no processo.

A fim de que a descentralização seja eficiente, é necessário se atentar para o funil de vendas e a jornada de compra. Um time, portanto, pode cuidar de estratégias direcionadas a clientes, ficando responsável pela experimentação e fidelização dele. Porque uma coisa é anunciar para quem quer comprar; outra é anunciar para o cliente em potencial, mas que não está certo da compra naquele momento. Também é possível dividir o marketing em equipes tendo em vista a segmentação do produto por faixa etária. Esse é o marketing descentralizado, que trabalha de acordo com a sua necessidade estratégica. A empresa ganha uma linha de comunicação mais segmentada para o seu cliente – pois é possível que um mesmo produto seja consumido por diferentes perfis de público – e o marketing precisa falar com todos dentro das suas especificidades.

Outros departamentos também podem se beneficiar da descentralização. Há empresas que já adotaram esse negócio não só com o marketing, mas descentralizando vários setores que atuam como *squad*. No Gestão 4.0, por exemplo, os times são multidisciplinares e cada um tem autonomia para tomar decisões nos projetos que coordenam, desde que estejam atuando dentro da cultura da empresa.

LOJAS E FRANQUIAS

Eu defendo que essa descentralização deva ocorrer também nas lojas de grandes redes e nas franquias. Nesse modelo, os pontos de vendas teriam liberdade para produzir seus próprios anúncios e posts nas redes sociais, aproveitando oportunidades de vendas específicas de onde estão situados e sendo mais assertivos na linha de comunicação com cada cliente de acordo com as etapas do funil de vendas, sem perder de vista as diretrizes e os valores da companhia.

O marketing deve ser descentralizado assim como a tecnologia

O problema é que nas lojas, hoje, não há um profissional de marketing que pensa especificamente no relacionamento com o cliente. O que se tem é um departamento distante, provavelmente que mal vai até lá para entender o que acontece com aquela comunidade, e que pensa como um todo, mas deixa de lado as reais necessidades individuais de cada ponto.

Vamos imaginar uma marca de pijamas e meias. No meio do outono, uma loja da região Sul do país verifica que a cidade passará por uma frente fria em alguns dias. Como ainda estão em meia-estação, a campanha que veio do marketing e que atende ao Brasil todo está direcionada a pijamas mais leves, até de manga curta. O proprietário dessa loja, então, vê uma oportunidade de vender pijamas mais quentes e quer fazer anúncios nas redes sociais com esse objetivo. No marketing centralizado, ele precisa acionar o marketing corporativo, que adiciona o pedido a uma lista de solicitações e acaba perdendo essa frente fria. Provavelmente, quando a equipe central desenvolver a peça, o clima já esquentou de novo e esse varejista continua com o estoque de pijamas de flanela encalhado. Se, em um caso desses, o marketing fosse descentralizado, a própria loja teria colocado a ação em jogo e, durante a frente fria, os posts avisando sobre os pijamas quentinhos já teriam sido espalhados para milhares de consumidores – além das mensagens via WhatsApp a clientes que frequentam a loja, esses com desconto especial.

O Magalu faz uso do marketing descentralizado por meio de uma plataforma desenvolvida pela Bornlogic, em que a equipe consegue criar seu próprio anúncio com o layout padrão da rede para atrair novos consumidores à loja. Com essa ferramenta, a matriz mensura os resultados, acompanha as performances (dá para obter informações, por exemplo, sobre quantas pessoas visualizaram o anúncio e qual foi o engajamento) e ainda sabe, por intermédio de robôs, se a linguagem e o conteúdo publicados estão adequados, sem a necessidade de acessar a página de cada loja filial.[1]

No caso do Magalu, a rede disponibiliza uma verba para cada loja usar como achar mais conveniente nessa publicidade personalizada. De acordo com Fred Trajano, "as equipes têm liberdade criativa para postar vídeos nas redes sociais falando diretamente com o público local".[2] Foi assim que as vendedoras de uma loja localizada em Avaré (SP) reescreveram uma música famosa para divulgar uma promoção de televisão. O vídeo, disponibilizado na página da filial no Facebook, teve mais de 300 mil visualizações. No fim de semana da publicação, a loja vendeu 80% da sua meta do mês.[3] Outra vantagem do marketing descentralizado é poder trabalhar anúncios com o estoque disponível divulgando itens que tenham boa saída especificamente naquele ponto, acelerando o giro.

TODA ESTRUTURA É UM MEIO DE COMUNICAÇÃO

O que as vendedoras da loja de Avaré do Magalu fizeram foi falar uma linguagem que faz sentido para o público daquela região. A propaganda divertida encantou – daí o relacionamento, assunto tão abordado neste livro – e, com isso, atraiu mais vendas. O leitor se lembra de quando falamos das empresas que se tornam veículos de comunicação e também da importância da criação de conteúdo? Pois é, quando o marketing é descentralizado é possível que cada loja crie sua página na rede social, atraindo o cliente para ir até a loja física. Ela pode produzir conteúdo específico para quem passa por aquele local, entregando anúncios cada vez mais personalizados no *feed* dos consumidores e aumentando seu potencial de vendas.

---

1   BORNLOGIC. *Dá pra cada loja fazer seu próprio marketing?* **Medium**, 18 set. 2019. Disponível em: https://medium.com/@bornlogic/da-pra-cada-loja-fazer-seu-proprio-marketing-31af070737d1. Acesso em: jun. 2020.

2   Fred Trajano, em entrevista concedida ao autor em 25 de junho de 2020.

3   EMPODERE SUAS lojas com o marketing descentralizado. **Sa.Varejo**, 12 ago. 2019. Disponível em: https://www.savarejo.com.br/detalhe/simples-assim-sa/empodere-suas-lojas-com-o-marketing-descentralizado. Acesso em: 13 jun. 2020.

#BORAVAREJO

Liberdade não é só fazer o que você quer, é não precisar fazer nada por necessidade.

@alfredosoares @boravarejo

E, se você é uma PME que olha para os anúncios nas redes sociais e acredita que precisa de muito dinheiro para conseguir algum resultado, repense. Com bom planejamento, eles são um tiro certeiro para aumentar as vendas. Pedro Sobral,[4] especialista em anúncios on-line, ensina que o primeiro passo para potencializar seu investimento é ter orçamentos diferentes para fazer marketing. O que é isso? É direcionar verbas separadas para cada ação: criação de conteúdo, divulgação e aquisição de clientes. Essa organização é fundamental para fazer *branding*, pois, no início, o seu objetivo não será vender, e sim fazer a sua marca alcançar o maior número de pessoas para adquirir clientes. É como jogar uma rede no oceano para "pescar" os indivíduos para dentro do seu funil de vendas. E é necessário ter uma rede forte, e jogada no trecho certo do mar. Em paralelo, invista na criação de conteúdo. É a informação que traz o cliente até a sua marca. Às vezes, falar de conteúdo gera mais valor para o seu produto do que o próprio produto em si. Assim como uma foto bonita. Seja criativo, explore os produtos a cada lançamento, faça posts sobre assuntos relacionados. Se você vende bebidas *fitness*, fale a respeito de mitos de emagrecimento. Não tenha medo de tocar em temas polêmicos sobre os quais você tem autoridade e que podem ajudar alguém. Faça barulho até conhecerem seu produto. E, se o leitor acha que todo mundo já sabe tudo a respeito da sua marca, está errado. Sempre haverá algo a ensinar para algum de seus clientes. Geralmente, o consumidor que já se envolveu com o conteúdo na sua rede social ou já realizou uma aquisição está preparado para compras com ofertas mais altas, pois conhece a essência da sua marca. Aí sim é o momento de pensar na margem e colocar o lucro também entre as verbas que você tem que separar. Afinal, é o resultado do seu trabalho. Você trabalha por isso.

MÍDIA PROGRAMÁTICA E RETENÇÃO

A descentralização do marketing também dá oportunidades para as lojas trabalharem na divulgação de anúncios em mídias digitais, como banners em sites, *searchs* (buscas na página

---

4   *Pedro Sobral, em entrevista concedida ao autor em 30 de abril de 2020.*

do Google) e propaganda no YouTube, com mais agilidade e mirando seu público específico. Isso é possível porque a publicidade no meio digital mudou e se tornou mais acessível até para pequenos lojistas. Há dez anos, quem queria anunciar em um site, na televisão, em um *outdoor* ou em qualquer outra mídia só tinha um caminho: entrar em contato com a mídia e negociar a compra do espaço. Era a chamada compra direta. No entanto, esse processo é um problema. Para uma pequena empresa, essa negociação exigia conhecimentos em propaganda e publicidade e esbarrava também na falta de acesso às mídias. Já para uma grande marca, a compra direta exigia um planejamento com muita antecedência à publicação do anúncio. Imagine o lançamento de uma grande campanha. O anunciante tinha de negociar, com cada mídia individualmente, formato, inserção, valor e tempo de campanha antes de colocar o anúncio no ar. Nos dias atuais isso não é mais possível. Na velocidade em que as informações correm, não dá mais para esperar meses até que uma campanha esteja no ar. O cenário muda em alguns dias!

Surgiu, então, a mídia programática – que é a compra de espaços publicitários de forma automatizada e orientada por dados –, a fim de acelerar esse processo e torná-lo mais prático e inteligente. No Brasil, esse mercado ainda está começando, mas nos Estados Unidos a compra por esse meio representa 85% de todos os investimentos em mídia digital.[5] Como funciona? Em uma plataforma, o anunciante determina onde e quando quer anunciar a partir de sua verba, seu objetivo e público que quer alcançar, sem contato com os proprietários de sites, agências ou outras pessoas. Todo o processo é virtual. Embora tenha surgido na internet, nas campanhas publicitárias no meio digital, a mídia programática já é usada também em campanhas na TV, nas rádios, em podcasts, *out of home* (publicidade exterior, como telas digitais em pontos de ônibus e relógios de ruas) e nos mais diferentes formatos para se adequar a cada campanha. Desde

5 PROXXIMA. *Mídia Programática domina 85% da compra digital de mídia nos EUA.* **Meio&Mensagem**, *28 fev. 2020. Disponível em: https://www.proxxima. com.br/home/proxxima/noticias/2020/02/28/midia-programatica-domina-85-da-compra-digital-de-midia.html. Acesso em: jun. 2020.*

links patrocinados nas buscas dentro do Google (no qual a mídia programática começou) até banners em sites, vídeos *pre-roll* e *mid-roll* (anúncios que aparecem, respectivamente, antes e no meio de um vídeo no YouTube).

Apesar de parecer algo muito complicado, imagine outros setores que também passaram pela digitalização. Antigamente, para viajar era preciso ir até uma agência de turismo e comprar um pacote de viagem. Hoje, pela internet, é possível comprar a passagem, reservar o hotel, fazer o roteiro ou até adquirir um pacote de viagem personalizado de acordo com o perfil de cada um. Com a publicidade aconteceu o mesmo.

A plataforma de mídia programática mais conhecida é o Google Ads, que qualquer empresa pode acessar – desde o salão de beleza do bairro até o grande varejista do shopping – e nela criar seu anúncio em poucos minutos. Isso porque essa plataforma é intuitiva e vai conduzindo o interessado a montar o seu anúncio sem ajuda de terceiros. Ele escolhe o objetivo da campanha – atrair indivíduos para a loja física, incentivar loja ou direcionar os interessados para o seu site –, bem como o teto de gastos nessa publicidade e a localização geográfica do seu alcance. Por exemplo, pode determinar que o anúncio seja exibido para pessoas que estejam até 25 quilômetros da sua loja ou só para aquelas localizadas em São Paulo. Outra vantagem da mídia programática é a segmentação por público-alvo. "Ela permite mais performance porque oferece dados sobre o *target* pretendido, definindo qual é o perfil que a sua campanha quer atingir, quais são os hábitos dessas pessoas, quais são as preferências de consumo, faixa etária, fase da jornada de compra e até determinar a localização. Então, você pode definir detalhadamente tudo sobre esse público-alvo e sua campanha fica muito mais assertiva. E você pode agregar a uma base de dados que já tiver, potencializando essa campanha. Você entrega a mensagem correta para a pessoa correta no momento correto", explica Cesar Sponchiado, CEO da TunAd e especialista em mídia programática.[6] Dá para entregar também o remarketing, que é a estratégia em que um indivíduo vê um conteúdo e esse anúncio o persegue em outros sites ou dispositivos.

---

6 *Cesar Sponchiado, em entrevista concedida ao autor em 3 de junho de 2020.*

Com a mídia programática, é possível impulsionar até um conteúdo criado em um site ou em um blog trabalhando no topo do funil de vendas. Pode ser por meio de um banner em algum site ou um anúncio *pop-up*, por exemplo: baixe o e-book e tenha informações sobre determinado produto. A segmentação é imensa e todo mundo pode se beneficiar da mídia programática, não importa o tamanho da empresa.

Para quem vai anunciar, a mídia programática facilita muito a abordagem de funil completo. E usando vários dados você pode tomar decisões estratégicas focadas na segmentação precisa do seu público, além de alocar o orçamento em todo o seu funil de compras. E mais: "Graças a esse programático, é possível criar algoritmos para definir preços e descontos de fidelidade com base no conjunto de dados, seja comportamental ou geográfico, em tempo real e olhando a oferta e demanda", explica Cesar Sponchiado. Existe até um modelo de mídia programática dentro dos marketplaces para os *sellers* (quem vende por lá) trabalharem seus produtos. Amazon, nos Estados Unidos, e Alibaba, na China, já usam esse processo.

Além disso, não se esqueça, nesse modelo, de avaliar as métricas de retenção do seu cliente, pois, tão importante quanto conseguir finalizar uma venda é garantir que ele continue comprando mais.

Retenção é uma das principais ferramentas para avaliar o *fit* do seu produto com o mercado (*product market fit*) ou o quanto o seu produto satisfaz a demanda dos consumidores. É preciso saber mensurar a retenção desde o primeiro dia de negócio e, nesse processo, existem algumas ferramentas que poderão ajudá-lo. A análise *cohort* é uma grande aliada à operação de *customer success* e seu objetivo é analisar grupos de clientes que possuem características em comum e, assim, realizar o cruzamento entre essas informações. Pelo *triange chart* (ver página seguinte) é possível avaliar os padrões de retenção visando o longo prazo e, nesse modelo, mensurar também se a taxa de retenção está melhorando ou piorando. Entretanto, mais importante do que tudo isso é conseguir utilizar a métrica para tomar as atitudes corretas com base na melhora da retenção.

TRIANGLE CHART

	MÊS 1	MÊS 2	MÊS 3	MÊS 4	MÊS 5	MÊS 6	MÊS 7	MÊS 8	MÊS 9	MÊS 10	MÊS 11	MÊS 12	MÊS 13
MÊS 1	100%	87%	80%	73%	72%	64%	59%	55%	52%	47%	43%	41%	41%
MÊS 2	100%	76%	64%	57%	52%	38%	35%	34%	32%	31%	30%	27%	
MÊS 3	100%	92%	85%	79%	79%	71%	69%	67%	64%	61%	58%		
MÊS 4	100%	92%	87%	84%	82%	76%	71%	67%	64%	59%			
MÊS 5	100%	77%	73%	64%	62%	53%	53%	49%	47%				
MÊS 6	100%	84%	79%	72%	72%	64%	61%	55%					
MÊS 7	100%	92%	81%	77%	75%	68%	63%						
MÊS 8	100%	79%	79%	70%	63%	51%							
MÊS 9	100%	86%	82%	80%	73%								
MÊS 10	100%	83%	76%	69%									
MÊS 11	100%	73%	62%										
MÊS 12	100%	86%											

A forma de impactar o consumidor está mudando, ganhando agilidade e eficiência. Cabe aos departamentos de marketing de grandes marcas e aos lojistas se abrirem a esse novo horizonte. Criação de conteúdo assertivo, publicidade de produtos de acordo com os costumes e público de cada região e publicidade baseada em dados são formas que ajudam a expandir seu negócio. Não existe fórmula pronta, mas dá para criar estratégias diferentes a fim de criar audiência, vender o seu produto e fazer frente à concorrência. Só depende de você.

Tudo começa por estudar o seu consumidor e se o que você tem disposto em termos de marketing está atendendo a esse cliente – ou se ele escapa do seu negócio por falta de atenção às fases do funil de vendas. O quanto ele é compreendido, alimentado de conteúdo, impactado pelos anúncios? Você conhece seu cliente o suficiente para comprar mídia programática, selecionar as idades a que seu negócio atende, os gostos, os hábitos e buscas na internet? Descentralizar o marketing é colocar o ponto focal da marca em um único objetivo: ser notado e amado pelo cliente.

Quer assistir a todas as lives?
Utilize o QR code ao lado ou acesse
alfredosoares.com.br/g4lives

#BORAVAREJO

A melhor ferramenta de vendas é ouvir.

@alfredosoares @boravarejo

O SEU NEGÓCIO JÁ FOI INDICADO?

RODRIGO NOLL, empresário e referência em marketing de indicação

Indicações funcionam com o ser humano desde que conseguimos lembrar. Se você gosta de algo, você indica. Se você acha que um conteúdo tem afinidade com um amigo, você indica. Se você adquire um produto ou serviço muito bom, você indica. As indicações funcionam assim e, se você tem um negócio, com certeza ele já foi indicado por clientes. Entretanto, gostaria de fazer uma pergunta: você tem um programa ativo de indicações que lembra os seus clientes de fazer novas indicações?

Deixe-me lhe dar uma notícia. Se já vendeu por indicação, mas não tem um programa ativo de indicações, você está deixando dinheiro na mesa. Existe uma alavanca de vendas com um enorme potencial pronta para ser ativada bem embaixo do seu nariz.

Onde você está focando sua energia? Naquela última estratégia de vendas milagrosa que viu no Instagram? Ou nos seus clientes atuais, o seu maior ativo?

Segundo o próprio Alfredo Soares, pense no seu cliente como mídia. É justamente essa a melhor estratégia. Querido leitor, você pode vender mais por meio dos seus clientes atuais, sem precisar gastar mais em anúncios nem precisar dar descontos, basta criar um programa ativo de indicações para que você lembre seus clientes de indicar e os bonifique por isso.

Quero lhe dar algumas dicas rápidas:

1. CLIENTES SATISFEITOS ESTÃO DISPOSTOS A INDICAR.

Toda empresa tem clientes mais e menos satisfeitos, basta você saber quem é quem. Para isso, basta usar a métrica do Net Promoter Score (NPS), conhecida como a métrica global de medição de satisfação.

2. DUPLO A.

Agradecer e ativar são os princípios básicos para alavancar os negócios. Seu cliente indicou? Agradeça! Crie um novo processo a partir de hoje na sua empresa para agradecer 100% dos clientes que enviarem indicações e lembre-os de sempre indicar mais. Esse contato pode ser feito com uma simples mensagem ou até mesmo uma carta escrita à mão. Clientes são uma rica fonte de novas vendas!

3. AFILIADOS OU REVENDEDORES DIGITAIS.

Uma das estratégias mais assertivas é trabalhar com os entusiastas da marca. São clientes ou parceiros que vendem o seu produto a partir de uma remuneração por isso. Não se esqueça!

Para conhecer mais sobre afiliados, indicações e outras dicas de negócio, acesse o site www.rodrigonoll.com.br/mentoria. Envie uma mensagem dizendo que viu essas dicas no livro *Bora varejo* e daremos 30% de desconto para o serviço de consultoria de criação de programa de indicação e afiliados.

#BORAFAZER

Escreva os top 5 insights que você pegou neste capítulo para começar a aplicar hoje

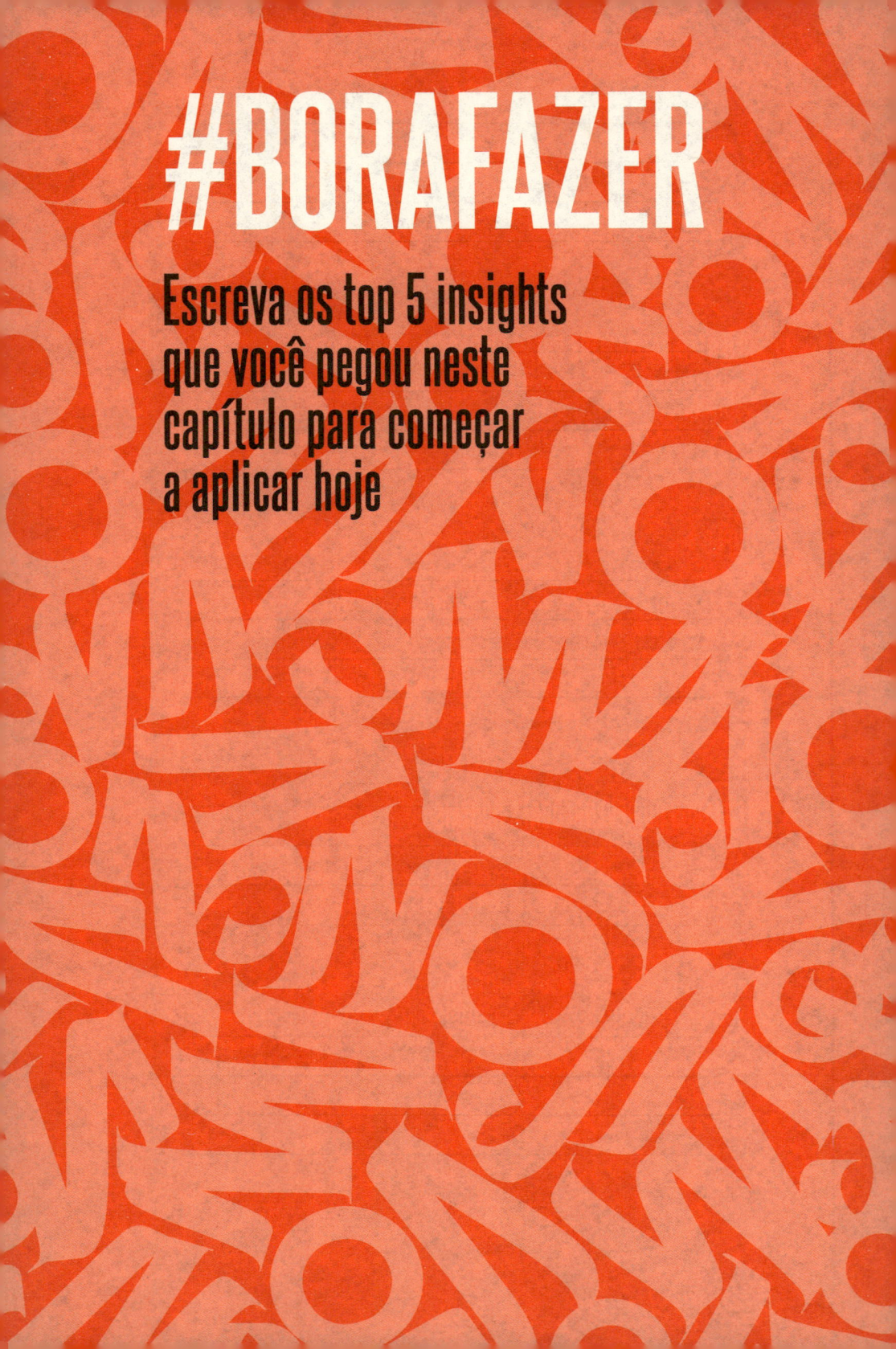

1. _____

2. _____

3. _____

4. _____

5. _____

9.

INOVAR É DAR PROTAGONISMO E EMPODERAR A TECNOLOGIA

O NOVO VAREJO EXIGE TECNOLOGIA DE PONTA A PONTA, E NÃO TECNOLOGIA DE PONTA

Assim como defendo que o marketing deve estar em todos os setores da empresa, também acredito que a tecnologia precisa ser onipresente. Dez anos atrás, o varejo era um jogo que envolvia marca, capital e capilaridade. Hoje isso mudou. Para Geraldo Thomaz,[1] co-CEO da VTEX, a internet colocou a variável de tecnologia nesse jogo. E não há mais como existir um varejo sem a tecnologia, que tem de estar presente de ponta a ponta no negócio. Isso envolve usar tecnologia nas etapas de gestão, contratação, produtividade, compras, vendas e fidelização de clientes. "Todos os elos da cadeia foram e continuam sendo transformados pela tecnologia, desde a construção de marca, passando pela escolha de fornecedores até a venda em si. Sem tecnologia de ponta a ponta do negócio, não há futuro", diz Geraldo Thomaz.

O que ocorre no varejo é um reflexo do que acontece na sociedade. Por exemplo, hoje, a tecnologia é quase uma extensão do corpo humano. Mauricio Bastos,[2] CDO da Arezzo&Co, explica que esses papéis se confundem tanto que quando um celular está com carga baixa é comum ouvir alguém dizer "estou ficando sem bateria", no lugar de "meu celular está com pouca bateria".

---

1 *Geraldo Thomaz, em entrevista concedida ao autor em 9 de junho de 2020.*

2 *Mauricio Bastos, em entrevista concedida ao autor em 15 de junho de 2020.*

Ele completa: "Se a tecnologia é uma extensão humana e o varejo existe para resolver problemas de consumo das pessoas, então a importância da tecnologia é máxima no sentido de remover a fricção desse processo e, ao mesmo tempo, enriquecer a experiência do consumidor". Em geral, o melhor uso da inovação tecnológica é quando você consegue se apropriar da tecnologia para facilitar ao máximo um comportamento que seu cliente já tem – por exemplo, gostar de ver várias cores do mesmo produto, procurar itens parecidos, receber uma mensagem pelo WhatsApp toda vez que o pedido muda de status e é despachado. O comportamento humano não sofre tanta alteração, mas a tecnologia existe para limpar as barreiras e tornar a experiência digital mais fácil do que ir até um shopping fazer compras.

Esse novo momento, em que tecnologia e negócio andam juntos, exige também uma maturidade de pensamento dentro das empresas e adequação nos perfis dos profissionais. Para Wanderley Baccala,[3] diretor do Hub Digital da Globo, "quem trabalha com tecnologia tem que ser corresponsável pelo negócio e ter metas alinhadas com a organização. Assim como os profissionais da área de negócio precisam entender de tecnologia para atuarem juntos". Aquele que assume esse posicionamento está pronto para entender as demandas do negócio na era da digitalização e aberto a novas ideias que essa integração traz, proporcionando benefícios ao negócio.

A crise provocada pela pandemia evidenciou a importância dessa administração voltada à digitalização. Para Mariano Gomide,[4] fundador da VTEX, as empresas que melhor lidaram com a pandemia foram as que colocaram sua estrutura para trabalhar para o digital; portanto, saíram na frente aquelas que já tinham a cultura voltada para a digitalização. Outro fato apontado por ele como favorável é contar com CEOs que vieram do digital, ou seja, a cabeça desses líderes já estava voltada para que usassem a tecnologia em benefício de todo o negócio.

3   *Wanderley Baccala, em entrevista concedida ao autor em 20 de maio de 2020.*

4   *Mariano Gomide, em entrevista concedida ao autor em 21 de maio de 2020.*

#BORAVAREJO

Você não pode pensar em digitalização. Tem que ser digital!

A tecnologia precisa estar de ponta a ponta

Para entender como o empoderamento da tecnologia é tão importante, descrevi aqui como grandes empresas do setor se posicionam nesse segmento. Elas não são apenas marca, mas se transformaram em empresas digitais que atuam no varejo.

TECNOLOGIA DENTRO DE CASA

Quando o fechamento das lojas foi decretado, o Magalu já tinha um sistema pronto que unia as lojas físicas, os vendedores e o e--commerce. Foi preciso apenas fazer ajustes no modelo de trabalho para colocar toda a equipe em casa e continuar a gerar valor para a empresa. Isso é resultado de um investimento que vem sendo feito desde 2011, quando foi iniciado o processo de inovação tecnológica da rede. "Nessa época, o departamento de TI era o quintal da nossa casa, ficava em um campo, esquecido. Mas eu vi que, se nosso desejo era inovar, tínhamos que criar tecnologia, e não apenas comprar sistemas prontos", conta Fred Trajano,[5] CEO do Magalu.

A virada de jogo foi chamar quatro pessoas, lideradas por André Fatala, para desenvolver um sistema personalizado para a rede varejista. No começo, nem sala para trabalhar a equipe tinha. Seu QG era o cômodo desativado da matriz, no qual eram feitas massagens. Esse embrião cresceu e deu origem ao LuizaLabs, um departamento de soluções digitais para o varejo brasileiro com sede própria e que tem até um escorregador no meio do prédio. "Oferecemos soluções digitais pela plataforma do Magalu que ajudam na digitalização de pequenos varejistas e na experiência de nossos consumidores, seja via internet ou nas nossas lojas físicas", explica André Fatala,[6] CTO do Magalu. É como se fosse uma empresa de serviços que opera para o próprio Magalu e seus *sellers*. As inovações têm como objetivo otimizar os processos tanto de compra do cliente como de entrega e até de montagem dos móveis.

---

5   *Fred Trajano, em entrevista concedida ao autor em 25 de junho de 2020.*
6   *André Fatala, em entrevista concedida ao autor em 8 de junho de 2020.*

Quando um cliente é atendido em uma loja do Magalu, o vendedor, por meio de um aplicativo instalado em seu *smartphone*, consegue anotar as preferências dele e o app indica os produtos dentro desse perfil. Por exemplo: se o consumidor busca uma geladeira, ele diz que cor e tamanho deseja, se quer freezer, *dispenser* de água na porta e outros detalhes; o aplicativo, então, mostra-lhe os melhores produtos dentro dessas prioridades. Por ali mesmo, o vendedor demonstra o produto, cadastra o pedido e o cliente faz o pagamento sem precisar ir ao caixa. A solução diminui o tempo de compra de quarenta para cinco minutos.[7] "O cliente não quer passar horas para aprovar um crédito, para encontrar um produto, para pagar por um item. Nós tiramos proveito de produtos digitais para simplificar os principais processos da loja e eliminar atritos na hora da compra", explica André Fatala. No entanto, se a ideia é comprar diretamente pelo aplicativo do Magalu, o cliente também tem um atendimento personalizado a partir do seu perfil de consumo, com recomendações e *home* com as categorias de produtos que mais compra. Essas facilidades impulsionam as vendas no e-commerce, o qual representa 50% dos negócios do Magalu.[8] No *back office*, o controle de estoque e a entrega também passaram por esse processo de inovação e tudo é controlado por meio de um aplicativo, resultando em agilidade para o cliente. Há produtos que chegam ao consumidor em 24 horas. E essa inovação vai se replicando em todos os departamentos, otimizando os processos.

O investimento mudou o posicionamento do Magalu no mercado. "Nascemos uma empresa de varejo com área digital e nos transformamos em uma empresa digital com pontos físicos e calor humano", define Fred Trajano. Mesmo que seja um processo interno, a agilidade do Magalu se transformou em marketing, agregando valor à marca.

---

7 CRISTOFOLINI, João. *Como o Magazine Luiza se valorizou mais de 1000% em 4 anos. **E-Commerce Brasil**, 11 jul. 2019. Disponível em: https://www. ecommercebrasil.com.br/artigos/como-magazine-luiza-valorizou-mais-1000/. Acesso em: 13 jun. 2020.*

8 *Fred Trajano, em entrevista concedida ao autor em 25 de abril de 2020.*

HUB DE INOVAÇÃO

Outro exemplo com o qual já trabalhamos algumas vezes neste livro é a Reserva. A marca de moda é interessante para o nosso objetivo de ver formas de renovação do varejo porque é uma empresa que cresceu apoiada em inovação e tecnologia. A Reserva investiu para se transformar em um *hub* de inovação que faz a gestão das cinco marcas do grupo. Rony Meisler, um de seus fundadores, descreve a empresa como uma placa-mãe que atende a todas as marcas do grupo, combinando administrativo, financeiro, tecnologia, logística, fornecimento e expansão.[9] "Usamos a tecnologia para escalar a capacidade dos humanos. A missão do grupo é usar a moda e a tecnologia para mudar a vida das pessoas", conta Rony.[10]

Essa ideia de escalar capacidade e ganhar eficiência é também o que o Nubank faz quando investe em tecnologia. A diferença é que na *fintech* quem se empodera da inovação é o cliente, ao ter ferramentas à mão para resolver todos os processos bancários sozinho. A instituição só é acionada em poucos casos.

Quanto mais essas empresas captam dados, mais ideias os times de inovação podem ter sobre as necessidades dos clientes. E começa a se tornar natural buscar atalhos digitais para suprir essas necessidades, fazendo as experiências serem cada vez mais confortáveis. Até porque inovação, na essência, não é somente inventar alguma coisa muito disruptiva, e sim conseguir tornar qualquer processo mais rápido, mais eficiente ou mais barato.

INVESTIMENTO EM SISTEMAS

Voltando a falar da Arezzo&Co, lembro que uma vez fui visitar o edifício-sede e me senti entrando não em uma empresa de sapatos, mas em uma empresa de tecnologia. Eu via inovação tecnológica

---

9   MOURA, Marcelo. *Como Rony Meisler transformou a Reserva em um laboratório de inovação*. **Pequenas Empresas & Grandes Negócios**, 8 ago. 2019. Disponível em: https://revistapegn.globo.com/Banco-de-ideias/Moda/noticia/2019/08/como-rony-meisler-transformou-reserva-em-um-laboratorio-de-inovacao.html. Acesso em: jun. 2020.

10   *Rony Meisler, em entrevista concedida ao autor em 10 de abril de 2020.*

#BORAVAREJO

Não brinque de ser digital.

@wbaccala
@alfredosoares @boravarejo

por todos os lados. O grupo começou esse caminho há muitos anos, investindo em tecnologia de ponta na industrialização dos sapatos e bolsas e na eficiência da produção.

Em 2011, eles enxergaram que inovação tecnológica era mais do que produzir sapato e bolsas. Mauricio Bastos afirma que a tecnologia tem que percorrer toda a empresa, gerar valor no relacionamento com os clientes e experiências de consumo mais profundas e integradas. Daí nasceu o e-commerce da Schutz. "Começamos como uma verdadeira *startup*, com um time pequeno, poucos recursos e espaço físico limitado. Mas, a partir daquele momento, houve uma transição da tecnologia, vista até então como suporte para se tornar efetivamente um canal de venda", explica Bastos.

A partir daí, todas as marcas ganharam operações digitais. Hoje, o grupo opera sete e-commerces (Schutz, Arezzo, Alexandre Birman, Anacapri, Fiever, Alme e Vans) com um sistema 100% interno e que foi construído sob medida para que a Arezzo&Co o opere de forma plena. "Nós somos *state of the art*[11] em infraestrutura. Nosso grau de prontidão é de 98%", conta Alexandre Birman,[12] CEO da Arezzo&Co, referindo-se à capacidade de atendimento simultâneo nos canais de vendas e centrais de atendimento.

O investimento em tecnologia e o uso do *self funding* (financiamento de novas operações por meio de resultados obtidos) foram revertidos em rentabilidade. O e-commerce do grupo pulou de R$ 1 milhão de faturamento em 2011 para R$ 214 milhões em 2019, representando 12% da receita total da companhia.[13] A tecnologia ainda aumentou a eficiência operacional e encurtou o *time to market*, que é o tempo que o produto leva para chegar ao mercado desde a sua concepção. Uma das inovações foi a utilização de *machine learning* para o cadastro de produtos no site. Por meio da visualização de fotos, o próprio sistema identifica treze características de um sapato, por exemplo, jogando essas informações no site. Isso agiliza o trabalho, que antes era humano, e gera insumos para utilizações mais avançadas, como análise preditiva de vendas. Também

---

11 ***State of the art*** *é o termo usado para nível alto de desenvolvimento em alguma área, seja técnica, seja científica. (N. E.)*

12 *Alexandre Birman, em entrevista concedida ao autor em 29 de abril de 2020.*

13 *Mauricio Bastos, em entrevista concedida ao autor em 15 de junho de 2020.*

foi desenvolvido um robô, o Wizze, que permite ao cliente fazer as trocas e devoluções dentro do e-commerce sem a interação com um humano. "De um lado ele permite que a cliente faça o 'self-service' desse processo e do outro ele faz todo o fluxo de registro da troca e agendamento de coleta de forma automática, reduzindo o consumo de energia de nossos times de atendimento", explica Bastos. Outro passo importante foi a integração dos canais de venda de cada marca, unindo as vendas nas lojas físicas, franquias e multimarcas à loja digital (o chamado *omnichannel*), processo iniciado em 2018 e que se tornou essencial na pandemia.

TECNOLOGIA NAS PMES

O alto investimento das grandes empresas sempre assusta as PMEs quando o assunto é inovação. A sensação do pequeno empresário é que ele nunca vai ter um *hub* de tecnologia, nem sequer um time de conteúdo que consiga competir com esses *players* gigantescos. Antes de tudo, porém: não é sobre isso! O seu investimento em inovação não servirá para deixar sua empresa gigante da noite para o dia ou para fazer frente a um Magalu, por exemplo. O objetivo é pegar a sua operação, por menor que seja, o seu nicho, e torná-lo mais eficiente. Esse investimento deve ser proporcional ao seu negócio. Ou seja, busque o exemplo do grande e adapte-o para a sua realidade. No entanto, não deixe a sua agenda digital de lado. Primeiro você pode resolver problemas com entrega, depois com conteúdo, estruturar um funil de vendas, perceber que seu cliente sente falta de mais distribuição ou de mais variedade. É um exercício de coleta de dados e análise que você sempre estará fazendo – aproveitando que o empresário de PME já pensa no negócio 24 horas por dia, melhor ter a inovação em mente do que se deixar levar pelas notícias ruins.

Entrar em um marketplace pode ser um primeiro passo importante para a PME se empoderar do processo de digitalização, enquanto opera em uma plataforma com estrutura pronta e na qual não precisa investir na inovação. Fazer parte dessa transformação o coloca à frente de concorrentes e expande a sua distribuição e a facilidade de ser encontrado pelo cliente, não importa o tamanho do seu negócio. Usar as redes sociais para vender, como

Facebook, WhatsApp e Instagram, também é um meio de dominar a tecnologia e conquistar o seu espaço. "É nas redes sociais que o pequeno varejista pode ser mais eficiente do que seu competidor. É lá também que ter mais dinheiro não faz tanta diferença assim", explica Geraldo Thomaz. Faz sentido, porque nas redes sociais você consegue falar diretamente com a sua região, oferecer promoções e fretes diferenciados para quem está perto de você e manter um contato próximo com os seus clientes que já compraram, como conversamos nos capítulos anteriores.

Na pandemia não foram poucas as empresas que se deram conta de que, para vender e continuar a ser competitivas, precisariam investir em tecnologia. Um estudo do Instituto Gartner mostrou que 43% das PMEs passaram a operar novos softwares durante esse período e 25% já se planejam para comprar novas ferramentas a fim de incrementar seus negócios.[14]

Separar a tecnologia do seu negócio é impossível. Tecnologia é começo, meio e fim. Vem desde a fabricação, passa pela comercialização, entrega e experiência do cliente. A tecnologia não é um bicho de sete cabeças. Ela existe para resolver problemas e facilitar a vida do empreendedor, e sempre está oferecendo soluções que você não conhecia, atalhos para que a sua vida e a do cliente seja mais fácil. Com o pensamento voltado para inovação, é fácil tirar proveito da tecnologia sem precisar de muito dinheiro – só é preciso ter mente aberta e análise de risco na ponta do lápis. Entrar na era da tecnologia é um caminho sem volta e cada vez mais necessário.

Quer assistir a todas as lives?
Utilize o QR code ao lado ou acesse
alfredosoares.com.br/g4lives

---

14   JULIO, Karina Balan. *Marketplaces e social commerce dão visibilidade a PMEs.* **Meio&Mensagem**, *29 abr. 2020. Disponível em: https://www.meioemensagem.com.br/home/marketing/2020/04/29/marketplaces-e-social-commerce-dao-visibilidade-a-pmes.html. Acesso em: jun/20.*

Ser inovador não é dar ideias, é unir possibilidades com execução.

@alfredosoares @boravarejo

A ERA DO IT MIRROR
MARIANO GOMIDE, CEO da VTEX

Embora a maioria das empresas tenha um departamento de tecnologia, essa estrutura deve ficar obsoleta nos próximos anos. Isso porque, nos próximos anos, as empresas ganharão uma nova estrutura em que todos os departamentos deverão ter conhecimentos técnicos. As empresas atualmente ainda não compreenderam como essa transformação afetará seu dia a dia. O conflito entre a área de TI e as demais áreas de negócio está presente em qualquer empresa. E naturalmente isso não é um bom sinal. Enquanto essa transformação não chega, alguns *players* de mercado mais agressivos e visionários se adiantam e fazem com que a área de TI permeie as áreas de negócio. Cada departamento tem sua estrutura técnica espelhada e responde ao mesmo diretor. O CIO (Chief Information Officer) e o CTO (Chief Technology Officer) têm seu papel reestruturado para curadores e garantidores do *stack*, mas a gestão do dia das equipes fica a cargo dos gestores das áreas de negócio.

Imagine uma empresa cinquenta anos atrás. O *pool* de datilografia era um dos principais departamentos. Com a chegada do computador pessoal, a tecnologia transformou todos em datilógrafos, tornando inútil a necessidade de especialistas em digitação. É o mesmo que acontecerá daqui a vinte anos com a área de TI. Haverá uma mudança drástica no perfil dos profissionais. Hoje em dia, algumas escolas ao redor do mundo já possuem em seu currículo aulas sobre programação para crianças de 5 anos. O que ocorrerá quando essa criança chegar ao mercado de trabalho em vinte anos? Ela será uma programadora e não terá a necessidade de ter um departamento de TI para executar projetos de sua área. Todos saberão programar ou, pelo menos, serão conhecedores dos conceitos de programação, qualificando-os a fazer os projetos que hoje em dia vão para TI.

Proponho uma nova maneira de pensar sobre negócios em que toda a área de TI é migrada do organograma para dentro das áreas de negócio. O conceito do IT Mirror é baseado na alocação de um programador/técnico ao lado de cada pessoa da área de negócios. Por exemplo, os presidentes teriam seus pares de tecnologia designados que espelhariam (daí o termo IT Mirror) todas as suas funções, enquanto trabalhariam lado a lado. Ambos teriam a mesma remuneração, os bônus e as metas, reforçando a importância de sua posição de espelhamento. Minha proposta é que todas as funções de gerenciamento dentro de uma corporação tenham seu IT Mirror. Desta forma:

ORGANIZAÇÃO ESTRUTURAL IT MIRROR

CEO · CEO IT MIRROR

VP de vendas · VP de vendas It Mirror · VP de marketing · VP de marketing It Mirror · VP de operações · VP de operações It Mirror

Em princípio, imagina-se que essa estrutura seja mais cara. No entanto, o efeito real é oposto. Com as despesas e os investimentos indo direto para as linhas de negócio (Customer Service, Logistics, Marketing etc.), a visão correta do custo aparece. E decisões corretas podem ser tomadas. É muito comum uma empresa de varejo dividir suas linhas de OPEX (capital utilizado para manter ou melhorar os bens físicos de uma empresa) e CAPEX (investimentos ou desembolsos em bens de capital) em pessoas, tecnologia, G&A (despesas gerais, administrativas e de vendas). Com isso perde a capacidade de entender os custos reais de cada etapa do processo. Exemplo: passa a ser difícil entender os custos reais de *fulfillment* pois os centros de custos que montam essa estrutura estão distribuídos (tecnologia, pessoas, aluguel etc.). Ter visibilidade clara dos custos por etapa do processo é essencial para a tomada de decisão. Cada vez mais terceirizar serviços (como o *fulfillment*) é uma alternativa que deve ser levada em consideração. Uma empresa deve quebrar suas unidades de negócio para que atuem de maneira independente e até mesmo vendam suas capacidades ao mercado. Exemplo: a unidade de logística do Magalu deveria vender sua capacidade para outros varejos, assim como o Mercado Livre já está fazendo. As lojas da C&A e do Grupo O Boticário deveriam vender capilaridade ao disponibilizar a sua estrutura de lojas para receber e entregar pedidos de e-commerce de outras marcas. Uma unidade de logística *stand-alone* que serve a C&A e demais clientes do mercado. Vale refletir que é exatamente isso que fez a Amazon. Ela quebrou seu negócio em unidades de negócio independentes e as fez serem competitivas para o mercado. Nessa nova forma de ver a estrutura organizacional, a TI faz parte de cada unidade. E seus membros têm ambições claras de serem especialistas em um único *business*. A transformação se dá alocando as equipes de TI dentro das áreas de negócio.

A arquitetura IT Mirror traz um grande benefício para as empresas que é a ciência do "*non-excuse environment*", na qual as equipes de negócios não dependem mais do corporativo para agir. Hoje, o setor de varejo só não é mais eficiente (com margens de até 3%) porque os departamentos das empresas têm uma estrutura matricial estreita e a interdependência é muito onerosa em termos de custo financeiro e tempo. Em vez disso, adotar uma premissa que permita aos indivíduos executar livremente seu nível mais alto de contribuição no ambiente é o melhor método de aproveitar talentos dentro da organização.

Essa autonomia permitirá criar várias unidades de serviço autônomas (unidades que fornecerão serviços para sua empresa e outras no mercado). Isso proporciona aos seus negócios uma velocidade maior de resposta, ganho de escala e, além disso, permite que você se concentre na descoberta de novas aplicações de tecnologia que existem em todo o mundo para melhorar a eficiência de uma unidade de negócios específica.

Usando o IT Mirror, o profissional técnico se familiariza com os detalhes do negócio, além de ter o poder de elevar sua posição profissional em suas áreas de negócios específicas. Nesse caso, o valor do conhecimento técnico é adicionado à organização à medida que ela se torna mais focada nos resultados de negócio (em vez de focada no projeto e nas carreiras das pessoas). Isso é essencial para obter eficiência operacional. Na forma atual, esse foco detalhado geralmente se perde porque a área de TI na matriz requer mais pessoal técnico para controlar o orçamento e reter energia. Usando o IT Mirror, as áreas de negócios ganham maior autonomia operacional, a qual chamamos de *full stack squad*, agregando valor, eficiência e maior capacidade de otimizar todas as vertentes das funções da empresa para obter um desempenho melhor em todos os aspectos.

O PROFISSIONAL IT MIRROR

O maior patrimônio do profissional IT Mirror não é o conhecimento técnico, mas a especialidade em que se encontra. Seja um profissional de IT Mirror no departamento de vendas, seja um especialista em IT Mirror na área de logística, a sua versatilidade agrega muito às empresas com as quais trabalha, pois possui uma visão geral e ampla gama de habilidades, características valiosas no novo profissional.

Dentro dessa nova estrutura, a necessidade de um CTO ou CIO deixa de existir na questão de gestão de pessoas e passa a ser focada em padronização de estratégia, arquitetura, *stack* e visão. O líder da tecnologia (CIO) é o novo CEO IT Mirror, que é o par técnico do CEO, em níveis iguais de status. A mudança mais dramática que proponho não é a eliminação do gestor de pessoas de tecnologia, mas a eliminação completa dos objetivos da área de tecnologia. Nesse cenário, a educação continuada é um princípio importante para o profissional de TI, não apenas para melhorar seus recursos técnicos mas também para buscar conhecimento e soluções de mercado que aprimoram o desempenho da unidade. Isso não é comum nos ambientes corporativos atuais porque os profissionais de tecnologia não se especializam em negócios, mas apenas nos aspectos técnicos da sua área. Na minha proposta, o profissional IT Mirror continuará avançando em sua carreira, agregando e se especializando na área de negócios e no setor de tecnologia, sendo capaz de tomar decisões rapidamente. Isso abrirá a necessidade de carreiras, como o diretor de operações IT Mirror, o diretor de vendas IT Mirror e assim por diante.

CONCLUSÃO

Vivemos uma situação em que os profissionais familiarizados com a tecnologia não conhecem negócios. E os que conhecem negócios não são íntimos da tecnologia. O IT Mirror surge para resolver esse problema até que todos os profissionais de todos os níveis saibam programar.

O setor de varejo viverá em conflito até que uma grande mudança no setor aconteça. As margens de lucro sofrerão pressão ainda maior no futuro. Embora pareça dramático, esse cenário é uma realidade e exige das empresas uma agilidade sem precedentes. A estrutura organizacional do IT Mirror permite que as empresas de varejo se adaptem a essa mudança, adicionando até 3% à margem no resultado final. Dê uma olhada nos balanços das principais empresas de varejo e você verá que elas gastam entre 5% e 12% da receita em suas áreas de TI (Capex e Opex). Esse tipo de porcentagem de gastos precisa ser reduzido. O uso do IT Mirror pode ajudar a reduzir as despesas e aumentar significativamente a entrega.

Assim, o IT Mirror cria um ambiente altamente eficiente com profissionais especializados e focados trabalhando em unidades de negócios independentes. Quando você menos esperar, o IT Mirror dominará as empresas. A grande questão que deixo é: quando essa revolução começará? Procure sinais ao seu redor e responda.

#BORAFAZER

Escreva os top 5 insights
que você pegou neste
capítulo para começar
a aplicar hoje

1.

2.

3.

4.

5.

10.

O FUTURO DO VAREJO: A RETOMADA

Após o susto inicial de ter de operar com as lojas fechadas e entrar de vez na transformação digital, o que será do futuro do varejo pós-covid-19? Muitas mudanças implementadas devem permanecer (como o crescimento do e-commerce), novos protocolos de atendimento passarão a ser incorporados (higiene e limpeza serão prioridades) e outras transformações virão no longo prazo.

O isolamento social acelerou os processos de digitalização das empresas e do público. Consumidores que não estavam acostumados a utilizar serviços digitais tiveram seu primeiro contato com o e-commerce para manter a segurança nas compras. E quem já tinha o hábito de adquirir produtos pela internet intensificou sua participação nesse canal de vendas. Isso não vai mudar, assim como o uso crescente dos serviços de delivery, muito convenientes ao cliente. Ninguém mais quer perder tempo em filas e deslocamentos desnecessários, razão pela qual os serviços de entrega rápida e o sistema de *drive-thru* – implantados pelas lojas e restaurantes – fazem tanto sucesso, bem como a tendência de *pickup* (local da loja em que o cliente retira uma compra feita on-line) na entrada do estabelecimento. Eu já afirmei neste livro e repito: quem conseguir vender tempo, seja qual for o ramo de atividade, estará no caminho certo.

A crise assustou, mas ela vai passar, como acontece com qualquer crise – e, se você quer que seu negócio dure por muitos anos, é melhor perder o medo da crise agora, porque esta não será a última. O papel do empreendedor é transformá-la em algo positivo para o seu negócio. Guilherme Benchimol,[1] da XP Investimentos, disse algo que me inspirou muito: "Toda crise é uma oportunidade para você ser melhor, olhar de maneira diferente para problemas que antes não enxergava. Tem que manter o pensamento na sua capacidade de ser melhor, mesmo em momentos adversos". É ser como o piloto Ayrton Senna quando competia na chuva, lembra? Se você não for dessa geração, vale pesquisar. Em meio a uma situação que poderia ser ruim, ele se transformava e aproveitava o momento adverso para ter vantagem sobre seus adversários. Se ninguém pilotava bem na chuva, Senna entendia que aquela, então, deveria ser a sua especialidade.

Diante do cenário, o consumidor também mudou. Ele está mais exigente em relação ao propósito e o legado das marcas – assuntos abordados nos sete pilares da quarentena – e visa a um consumo mais consciente, percepção entendida como a maior revolução do pós-pandemia, segundo o consultor Fred Rocha,[2] especialista em varejo, que explica seu ponto de vista: "Só continuarão as empresas preocupadas com o cliente, aquelas que estiverem realmente interessadas em resolver os problemas das pessoas. Empresas sem propósito, que enxergam o consumidor como dinheiro, não conseguirão seguir em frente". A pandemia colocou luz nessa tendência, obrigando o varejo a se readequar. Ao empreendedor cabe não encarar essa situação como um problema, mas como oportunidade de conquistar – e por que não reconquistar? – o seu cliente.

Eu vejo até um novo patamar de conexão entre consumidor e consumo. Fred Gelli,[3] CEO da Tátil Design, tem uma abordagem bem interessante sobre essa relação. Ele considera que o substantivo "consumidor",[4] usado para aquelas pessoas que compram mercadorias, deve mudar. Ele vai ser o desfrutador. "O consumo sem sentido, só pelo fato de ter, vai acabar. O que as pessoas querem é desfrutar de coisas. Então, elas não comprarão mais uma casa

1   *Guilherme Benchimol, em entrevista concedida ao autor em 24 de abril de 2020.*

2   *Fred Rocha, em entrevista concedida ao autor em 8 de junho de 2020.*

3   *Fred Gelli, em entrevista concedida ao autor em 20 de maio de 2020.*

4   *CONSUMIDOR.* **In: Michaelis: Dicionário Língua Portuguesa**. *São Paulo: Melhoramentos, 2008.*

na praia, por exemplo. Para que comprar se posso alugar uma pelo Airbnb e usar só durante um fim de semana? Por que vou comprar um carro se posso chamar o Uber para usar só quando precisar? São bens que não farão mais sentido na vida da nova geração", diz Gelli.

Acredito que a retomada refletirá muito esse novo consumidor, surgido depois de dias de isolamento social, que sairá em busca de um autoconhecimento que a vida agitada anterior à covid-19, muitas vezes, não lhe

Quem conseguir vender tempo, seja qual for o ramo de atividade, estará no caminho certo

permitia. Ainda é difícil fazer previsões categóricas, mas teremos mudanças nas relações do varejo, a começar pelo protocolo de higiene até um jeito novo de se relacionar com o shopping, de se divertir e até de trabalhar. Vamos discutir um pouco o que pode ser esse novo normal na retomada do varejo.

PROTOCOLOS DE HIGIENE

Não há como falar de volta do varejo sem novos protocolos de higiene e limpeza. Se as pessoas não se sentirem seguras em ir aos locais de consumo, elas simplesmente não vão, e não adianta um decreto do governo permitir a reabertura, porque o cliente não vai aparecer. Desde que os shopping centers e as lojas reabriram, os procedimentos precisaram ser redobrados. Algumas ações tomadas para conter a covid-19 devem se tornar permanentes, tais como: funcionários usando máscara, aferição de temperatura na porta, *dispensers* com álcool em gel espalhados pelos estabelecimentos, tapete sanitizante para a sola dos sapatos, limpeza de todo o espaço físico várias vezes ao dia, limites de lotação para as lojas terem espaço entre funcionários e clientes, assim como área de isolamento entre o consumidor e o balcão de atendimento, controle de entrada em elevadores. Isso significa que álcool em gel e produtos de higiene farão parte da central de custo de todas as empresas. Esses cuidados, apesar de não serem diferenciais, e sim uma obrigação, deverão ser comunicados aos clientes em cartazes e alto-falantes. "Não basta ter protocolo de segurança; os clientes e funcionários precisam se sentir seguros", alerta Paulo Correa,[5] CEO da C&A. Ele acredita que, mesmo após tudo o que está acontecendo, o cliente vai continuar exigindo esse protocolo de higienização.

EXPERIMENTAR ROUPAS?

Mesmo com todos os protocolos de higiene, o hábito de experimentar roupas ainda passará por um período de adaptação. Cada marca está buscando maneiras de manter essa experiência do cliente. O uso dos provadores, por exemplo, deve acontecer em rodízio, sempre mantendo um aberto e o outro fechado. Após o uso, ele é bloqueado para higienização e o que estava fechado passa a ser usado. E assim a troca vai acontecendo ao longo do dia. Também é possível banir os provadores, mas facilitar ao máximo as trocas: as lojas podem calcular o que vale mais a pena. Muitas vezes, é melhor oferecer um serviço que vá até a casa do cliente para buscar o material a ser trocado – e já levar a numeração certa – do que manter uma operação cara e arriscada de provadores.

O provador é uma preocupação especial, tendo em vista que é um hábito das pessoas e que as roupas que foram experimentadas ou trocadas precisam ser isoladas antes de voltar às prateleiras. Na C&A, por exemplo, elas ficam em quarentena por 72 horas sem que ninguém toque nelas, evitando a transmissão de quaisquer vírus. Até a forma de dobrar as peças mudou para que os clientes vejam detalhes delas sem precisar tocá-las.

Por outro lado, aquele que compra pelo e-commerce deve incorporar um costume que é muito comum na Europa e nos Estados Unidos. Por lá, as pessoas compram numerações diferentes da mesma peça de roupa para experimentarem e, depois, devolverem as que não serviram. É o compre, experimente e devolva. Com isso, as taxas de devolução no e-commerce vão aumentar.

---

5 *Paulo Correa, em entrevista concedida ao autor em 7 de abril de 2020.*

Para operacionalizar esse retorno, as lojas terão que criar sistemas inteligentes a fim de receber o produto rapidamente e devolvê-lo ao estoque. E também vale investir no atendimento, oferecendo outras opções de uso desse crédito que o cliente tem com a loja, como um *voucher* para ser utilizado em compras futuras ou a troca imediata por outro produto.

UM NOVO SHOPPING

E se o tempo e a conveniência tomarão as rédeas no modo de comprar, os shopping centers assumirão novos papéis: servirão mais como prestador de serviço do que um centro de compras. As pessoas, então, deixarão de comprar nos shopping centers? A resposta é não, mas a compra será feita de outras maneiras. A aposta do Mariano Gomide,[6] da VTEX, é da existência de um atendimento com hora marcada. Afinal, se estamos falando em otimização de tempo, não fará mais sentido ir até lá e percorrer lojas e lojas até encontrar uma roupa de que está precisando. "O cliente ligará para uma central do shopping – ou entrará em um site – e colocará ali o que quer comprar, como calça jeans ou camisas, dizendo suas preferências e medidas. O próprio shopping buscará isso nas lojas e, no dia e horário marcados, o cliente irá até lá experimentar e escolher. Sem perder tempo", diz ele. Caberá ao consumidor apenas fazer a sua declaração de compra. E o shopping fará essa curadoria dos produtos. O pagamento será realizado, automaticamente, por cartão de crédito já registrado em um sistema do shopping, sem a necessidade de ter que se dirigir até o caixa. Basta escolher e sair.

Carlos Ferreirinha,[7] especialista em consumo de luxo, aposta nas compras eletrônicas: "O shopping terá que se transformar em um marketplace das lojas que estão nele, trabalhando também construção de marca e experiência do cliente no meio digital". As pessoas não deixarão de ir ao shopping, mas ele será um *hub* de convivência, com teatro, cinema, restaurantes, serviços e também compras.

---

6 *Mariano Gomide, em entrevista concedida ao autor em 28 de maio de 2020.*
7 *Carlos Ferreirinha, em entrevista concedida ao autor em 20 de maio de 2020.*

ATENDIMENTO AO CLIENTE

Se a ideia é ganhar tempo, o vendedor de loja terá papel fundamental no atendimento ao cliente. O *Customer Service*, ou serviço de atendimento ao cliente, deixará de funcionar em um *call center* e migrará para a loja física. Assim, quando um cliente ligar para tirar uma dúvida ou para comprar por telefone, será atendido por um vendedor capacitado para resolver o seu problema o mais rápido possível. Como conhece o produto, ele consegue, inclusive, ser um consultor, indicando as maneiras de uso, como combinar as peças (no caso de roupas), transformando um telefonema em uma experiência de compra. Lembre-se: quem atende bem atrai a confiança do cliente, que retorna ao estabelecimento mais vezes.

SHOWS VIRTUAIS

Como falar de experiência do consumidor que frequenta um cinema, teatro ou um show da sua banda favorita em tempos de distanciamento social? Os eventos foram totalmente paralisados, o que coloca o setor de entretenimento ao vivo como um dos mais afetados pela crise, com um prejuízo acumulado de US$ 5 bilhões no mundo todo.[8]

Para Gabriel Benarrós, CEO da Ingresse, o entretenimento ao vivo não é só o primeiro mercado a ser afetado pelo fechamento do comércio, mas também o último a retornar à normalidade. Em média, a previsão de retorno gradual acontece 84 dias após o relaxamento das medidas de isolamento social.[9] Primeiro nos eventos de menor fluxo, como exposições em museus, passando para parques temáticos, parques públicos, teatros, cinemas, casas noturnas e shows e festivais – aparecendo na última fase de reabertura.

Para a retomada, o setor se prepara para atender a protocolos de segurança. Nos museus, por exemplo, estuda-se controle de fluxo

---

8 FIORATTI, Carolina. *Como o coronavírus tem afetado a indústria do entretenimento?* **Superinteressante**, 12 mar. 2020. Disponível em: https://super. abril.com.br/cultura/como-o-coronavirus-tem-afetado-a-industria-do-entretenimento/. Acesso em: jun. 2020.

9 Gabriel Benarrós, em entrevista concedida ao autor em 4 de junho de 2020.

de entrada, redução no número de visitantes e percurso em sentido único para as pessoas não se cruzarem. Cinemas e teatros também devem adotar essas medidas, além do bloqueio de poltronas, obrigatoriamente promovendo um distanciamento na plateia.

Enquanto a pandemia proíbe aglomerações, as empresas estão criando novos formatos para atrair o público. As lives dos cantores e bandas atraíram milhões de pessoas para o YouTube, o que abriu caminho para transmissões pagas, ou seja, o interessado compra um ingresso para ter acesso ao show. A banda coreana BTS conseguiu reunir em um show virtual 756 mil pessoas em junho de 2020, arrecadando US$ 19 milhões em uma única apresentação.[10] Esse é um formato que deve ganhar força, mesmo no pós-covid-19. Outra maneira de arrecadação foi com o ressurgimento do cinema drive-in, em que as pessoas assistem a um filme dentro dos seus próprios carros. Na Dinamarca (e agora também no Brasil), até shows de música aconteceram nesse formato,[11] abrindo caminho para esse setor atuar, mesmo com o isolamento social.

HOME OFFICE

Além da aceleração digital do varejo, outro aspecto que chamou a atenção na quarentena foi a adoção do home office por uma quantidade grande de empresas, que, em poucos dias, precisaram se organizar e colocar os funcionários para trabalhar de casa. O que se viu foi um nível de produtividade inédito, combatendo um receio anterior de falta de comprometimento e baixo nível de rendimento de um colaborador trabalhando "de casa". Isso acontecia por conta da cultura inserida nas empresas baseada no tripé comando, controle e resultado. Com o trabalho a distância, precisaram mudar o *mindset* para confiança e resultado. A experiência foi tão positiva que dois meses depois 80%

---

10 *BTS PROVA que livestream pago chegou para ficar; entenda.* **Rolling Stone**, *17 jun. 2020. Disponível em: https://rollingstone.uol.com.br/noticia/bts-prova-que-livestream-pago-chegou-para-ficar-entenda. Acesso em: jun. 2020.*

11 *BENARRÓS, Gabriel. Reabrindo o Mercado de Entretenimento no Brasil. Disponível em https://medium.com/@benarros/reabrindo-o-mercado-de-entretenimento-no-brasil-14786712d08b. Acesso em: maio 2020.*

Quem atende bem constrói confiança

dos gestores aprovavam essa maneira de trabalhar.[12] Dentro de casa o funcionário efetivamente se preocupa em trabalhar, tem metas a cumprir e as cumpre, enquanto no escritório as preocupações iam desde a pausa do cafezinho, as políticas de escritório, panelinhas etc. Diante disso, fica fácil entender que a volta ao trabalho não será a mesma. O home office, antes reduzido a uma pequena parcela dos profissionais, virou rotina e muitas empresas pretendem prolongar esse período por tempo indeterminado. Ele pode gerar mais dinamismo para a empresa, que se torna um lugar de convivência entre os funcionários para dias de reunião, diminuindo a necessidade de imóveis tão grandes e até custos como transporte.

No entanto, ainda que a produtividade tenha aumentado, o home office que vivemos na quarentena não é o mesmo que vamos viver quando as cidades forem reabertas. Para mim, o medo, a incerteza e o fato de restaurantes, bares e lojas estarem fechados deram lugar à dedicação exclusiva e exaustiva ao trabalho. Tanto que 62% dos trabalhadores se declararam mais estressados com o trabalho nesse formato quando em comparação ao período que estavam na empresa.[13]

Roberta Vasconcellos,[14] CEO da BeerOrCoffee (uma empresa *remote first* desde o primeiro dia de funcionamento), é especialista em

---

12   MENEZES, Carla. *Home office é aprovado por 80% dos gestores de empresas no país, diz pesquisa.* **UOL Economia**, *21 maio 2020. Disponível em: https://economia.uol.com.br/noticias/estadao-conteudo/2020/05/21/home-office-e-aprovado-por-80-dos-gestores-de-empresas-no-pais.htm. Acesso em: jun. 2020.*

13   SUTTO, Giovanna. *62% dos brasileiros ficaram mais estressados com o trabalho no home office, diz estudo do LinkedIn.* **InfoMoney**, *3 jun. 2020. Disponível em: https://www.infomoney.com.br/carreira/62-dos-brasileiros-ficaram-mais-estressados-com-o-trabalho-no-home-office-diz-estudo-do-linkedin/. Acesso em: jun. 2020.*

14   *Roberta Vasconcellos, em entrevista concedida ao autor em 3 de junho de 2020.*

coworking e acredita que a quarentena trouxe um legado importante para o trabalho longe da empresa, que dará origem não ao *home office*, mas ao trabalho remoto, que é poder trabalhar de qualquer lugar do mundo com acesso à tecnologia, não necessariamente na sua casa. As pessoas terão o impulso de trabalhar em locais diferentes, viajar mais, tentar recuperar a liberdade perdida, e agora já aprenderam a manter a produtividade fora da empresa, que, por sua vez, também aprendeu processos e ferramentas para conseguir administrar os funcionários remotos. O futuro será híbrido, uma mistura entre momentos na empresa e momentos de trabalho remoto. "Nós somos seres sociáveis, gostamos de estar junto com outras pessoas, gostamos de interação. Mas as pessoas vão ter a liberdade de escolher o que é bom naquele dia. Pode ser ir até a empresa, pode ser trabalhar em um *coworking* perto da sua casa ou perto da escola do seu filho ou até ao lado de um cliente, otimizando tempo", diz Roberta.

Nesse sentido, alguns movimentos devem ganhar força, como o *close to home* (trabalhar em *coworking* perto de sua casa) e o *anywhere office* (trabalhar em escritórios compartilhados em qualquer lugar do mundo), enquanto as empresas assumirão o posto de *squad offices*, que são escritórios reduzidos e com os espaços ressignificados para serem usados para reuniões, encontro com fornecedores e clientes, para *brainstorming* e momentos de reflexão com as equipes. Isso permitirá mais qualidade de vida, mais tempo com a família, economia de custos para o funcionário e mais eficiência no trabalho. A empresa terá um ganho no custo operacional ao reduzir o espaço nos escritórios e ainda permitirá reter talentos e escalar seu negócio, já que poderá contratar pessoas de qualquer lugar do mundo para trabalhar remotamente. Para dar suporte, a empresa contratará um plano anual de uma rede de *coworkings* com espaços em muitas cidades – e até no exterior – que poderá ser usada pelos colaboradores.

A interação não vai deixar de existir, mas o número de reuniões presenciais terá que ser repensado e otimizado. E isso é possível. Eu mesmo fiz isso quando vendi a XTECH COMMERCE para a VTEX há quatro anos. Eu e o Mariano Gomide fizemos mais de vinte reuniões, mas só nos encontramos pessoalmente duas vezes. O negócio deixou de ser fechado? Claro que não. É uma questão de amadurecer a rotina profissional.

Para mim, a principal estratégia da retomada será a adaptabilidade. Tudo precisará ser adaptável: empresas, negócios, relações pessoais, comportamento. O fim desse período não virá de um dia para o outro, mas aos poucos. Assim, quem estiver preparado para as mudanças e com a mente aberta para se adaptar ao que virá conseguirá encontrar oportunidades para crescer. Como me disse o publicitário Washington Olivetto:[15] o mundo está mudando, mas não acabando. As pessoas só precisam se reinventar.

E a hora é agora!

Quer assistir a todas as lives?
Utilize o QR code ao lado ou acesse
alfredosoares.com.br/g4lives

---

15 *Washington Olivetto, em entrevista concedida ao autor em 20 de maio de 2020.*

#BORAVAREJO
Oportunidade não tem aviso.
@alfredosoares @boravarejo

#BORAFAZER

Escreva os top 5 insights que você pegou neste capítulo para começar a aplicar hoje

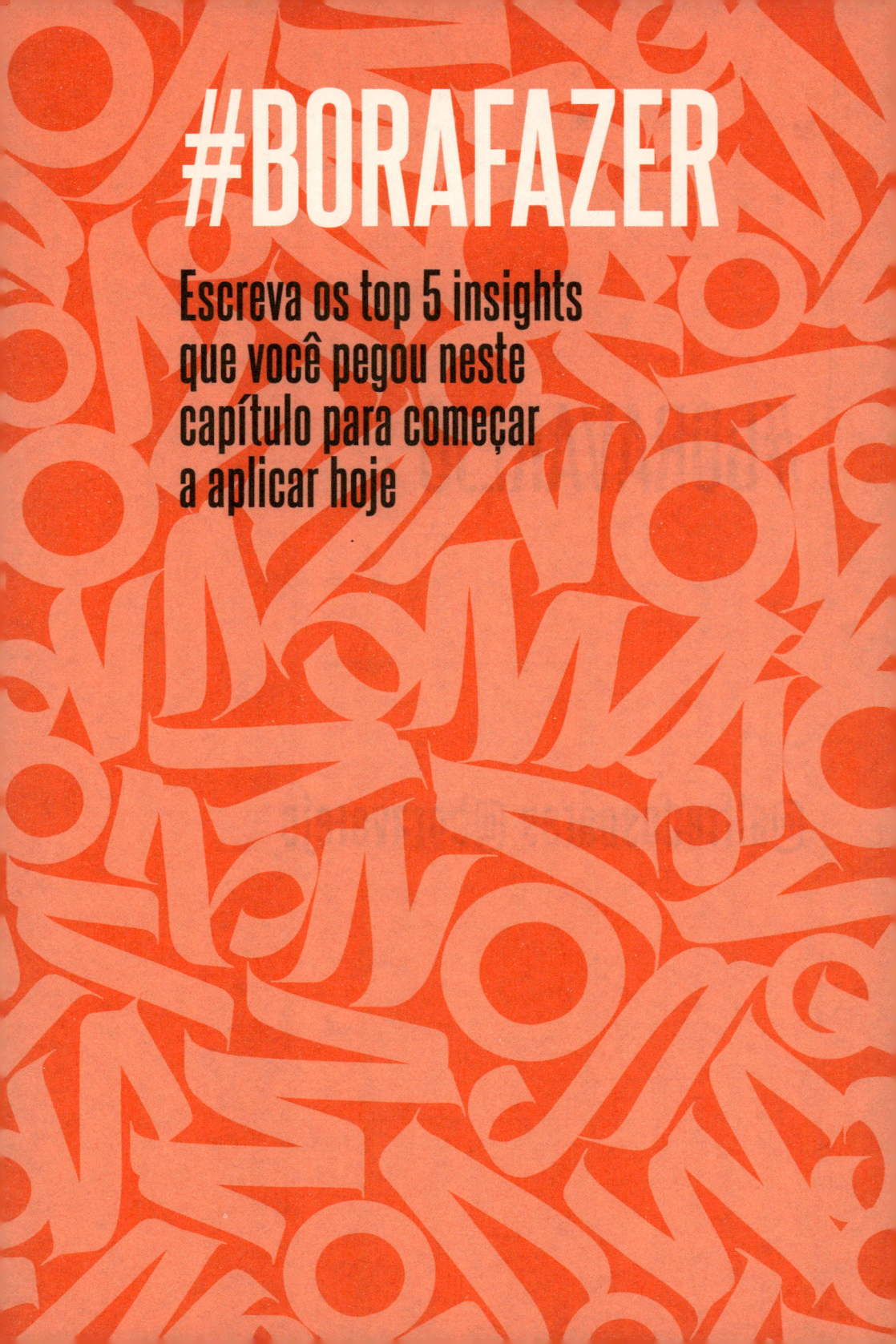

1.

2.

3.

4.

5.

11.

LEGADO CONECTADO COM PROPÓSITO

Este livro é fruto de um sentimento forte de urgência. Urgência de mudar o mundo, de ver uma outra realidade, de ajudar as pessoas que eu pudesse ajudar. Deixá-lo pronto em menos de um mês foi essencial para atender aos empresários que precisam dele neste momento – e não depois do pedido de falência. Quando decidi escrever estas páginas, queria ajudar o varejo a entender o momento que estávamos passando e mostrar a importância da digitalização, além das formas de digitalizar as vendas com os recursos que se tem em mãos agora. No entanto, também queria mostrar para o empreendedor a importância de estar engajado em propósitos e legados de verdade, ainda mais em momentos de vulnerabilidade, como o provocado pela covid-19. E o que mais se viu desde o início da pandemia foi a multiplicação das ações de solidariedade. De acordo com a plataforma Monitor das Doações,[1] até o dia 19 de junho de 2020 R$ 5,6 bilhões já haviam sido doados no Brasil como resposta à doença. Um movimento solidário nunca visto.

As empresas, seguidas pelas lives e campanhas, foram as responsáveis pela maior parte das doações. Quem não acompanhou uma live do seu cantor ou banda favoritos? Ivete Sangalo, Jorge & Mateus, Gusttavo Lima, Sandy e Júnior e até o rei Roberto Carlos se engajaram nesse movimento. Eu mesmo fiz mais de cem transmissões ao vivo. As lives viraram febre, atraíram milhões de espectadores, levaram informações às pessoas e ajudaram todo mundo a

---

1   *Monitor das Doações COVID-19.* **Monitor das Doações.** *Disponível em: https://www.monitordasdoacoes.org.br/. Acesso em: jun. 2020.*

Eu transformei esse momento em força para ajudar o varejo e me engajar em projetos solidários

se distrair nos dias em que sair de casa não era a opção. Mais do que divertir, a maioria delas tinha um objetivo solidário, que era arrecadar alimentos para a população vulnerável. Segundo o PicPay,[2] até o fim de maio 290 mil doações haviam sido contabilizadas nesse tipo de evento. Além dos alimentos, foram doados álcool em gel, produtos de higiene pessoal e máscaras, itens imprescindíveis para a prevenção da doença.

Com as lives que fiz com os maiores empresários do setor aprendi muito sobre propósito, envolvimento social e a importância de investir no futuro. Eu não poderia ficar de fora desse movimento solidário. E, se eu iria escrever um livro para ajudar o varejo, por que não aproveitar e ajudar também as crianças que estão sendo tão impactadas pela quarentena? Enquanto pensava em como poderia realizar esse desejo, recebi um presente da Ayrton Senna Shop no início da quarentena. Nele havia uma frase que dizia assim: "Alfredo, seu espírito em vencer desafios e o valor do trabalho em equipe são alguns dos princípios do nosso ídolo, nossa fonte de inspiração eterna. Generosidade sem vaidade, essa é a lição".

Algo que poderia ser apenas um mimo me marcou muito, porque a loja procurou saber quem eu era antes de enviar aquela lembrança. Guardo esse bilhete junto com aquelas mensagens que recebi do meu pai e do Mariano que mencionei lá no início do livro, pois provam como as palavras têm poder e podem mudar nossas atitudes. Eu mudei o estado em que estava – desanimado, preocupado e sem coragem para agir – e o transformei em força para ajudar o varejo e me engajar em projetos solidários.

Lendo aquilo, achei a resposta de que eu precisava: ajudaria as crianças cedendo os direitos autorais deste livro para o Instituto

---

2 *Diogo Roberte, co-founder do PicPay, em entrevista concedida ao autor em 29 de maio de 2020.*

204

Ayrton Senna, que desenvolve projetos para melhorar a qualidade da educação pública brasileira. Para mim, a única forma de mudar o futuro é através da educação, e as crianças representam o futuro, agora, no presente. E eu confesso: sou muito fã do piloto Ayrton Senna. Ele sempre me inspirou.

Para o Instituto Ayrton Senna, as doações são fundamentais para a sustentabilidade financeira da instituição. "Como optamos por não receber recursos públicos, encontramos na cessão de direitos – como essa do livro do Alfredo – um dos mecanismos para apoiar nossas atividades", diz Bianca Senna,[3] *branding director* do Instituto Ayrton Senna. Outras formas de o instituto captar recursos são as doações de pessoas jurídicas e físicas e ações de marketing de causa. Os valores são investidos nas pesquisas em educação, desenvolvimento de programas implementados em parceria com redes públicas, formação de educadores e gestores públicos e na defesa de desenvolvimento de políticas públicas. Obrigado a você, que está lendo este livro, por ter feito parte dessa doação ao comprá-lo. Você também é parte da transformação.

Além do livro, me engajei na arrecadação de alimentos de forma solidária. O leitor se lembra de quando falei que ganhei também um cabelo raspado no período da quarentena? Pois é, agora você vai entender como ganhei esse "presente". Durante as lives do Gestão 4.0, arrecadamos alimentos para serem distribuídos em forma de cestas básicas para a comunidade de Paraisópolis, em São Paulo. Eu bati o martelo: se chegássemos à marca de 100 toneladas de alimentos, rasparia a minha cabeça. Nem preciso dizer que batemos a meta, não é? Foi incrível ver o engajamento das pessoas. A cada live que fazíamos, mais alimentos arrecadávamos. Meus amigos se envolveram, a comunidade Gestão 4.0 também, composta de empresários. Houve até quem fizesse uma doação gigante para me ver de cabelo raspado, como o Shirleyson Kaisser, da Kapsula, que foi um dos maiores doadores, com 40 toneladas de alimentos. Isso mostra como é importante o nosso poder de influência e como podemos usar isso em prol dos outros. Com essa atitude, nós ajudamos diretamente famílias em situação de vulnerabilidade e também conscientizamos outras

---

3   *Bianca Senna, em entrevista concedida ao autor em 16 de junho de 2020.*

pessoas a ser solidárias, a se engajar em outras campanhas e vivenciar essa nova realidade.

RESPONSABILIDADE SOCIAL

Ter a responsabilidade social como um propósito já está na cultura de algumas empresas e daqui para a frente deverá fazer parte do modelo de negócio de qualquer corporação. Para Fred Gelli, da Tátil Design, as marcas precisam assumir o protagonismo na construção do futuro e fazem isso gerando valor real na vida dos indivíduos que os cercam, não só clientes, mas toda a sociedade. A Reserva é outra empresa que se preocupa em deixar um legado para a sociedade. Entre outras ações, desenvolve o projeto 1p=5p, em que, a cada peça de roupa da Reserva e da Reserva Mini vendida (pelo site e pelas lojas físicas), cinco pratos de comida são doados por meio da Associação Civil Banco de Alimentos e do Projeto Mesa Brasil/Sesc para pessoas com algum grau de insegurança alimentar. De maio de 2016, quando o projeto foi criado, até junho de 2020, quase 38 milhões[4] de pratos de comida já haviam sido doados.

O propósito de uma empresa não precisa estar ligado apenas aos trabalhos desenvolvidos na sociedade, mas também deve haver uma preocupação com toda a sua cadeia produtiva, desde a obtenção da matéria-prima, passando pelos fornecedores, funcionários da indústria, vendedores, enfim, toda a comunidade que está envolvida com a empresa. Quem faz isso amadurece como corporação, ao mesmo tempo que fortalece o seu setor. A Natura, por exemplo, tem um envolvimento social com as comunidades que vivem nas regiões em que a matéria-prima dos seus produtos é extraída. "Para nós, biodiversidade brasileira não é só o fruto, mas também as famílias que vivem nessas regiões e precisam ser sustentadas", explica João Paulo Ferreira,[5] CEO da Natura&Co. Assim, além de se preocupar com o manejo sustentável, a marca incentiva a participação das famílias das comunidades locais nesse

4   1p=5p, site institucional. **Reserva**. Disponível em: https://www.usereserva.com/1p5p. Acesso em: jun. 2020.

5   João Paulo Ferreira, em entrevista concedida ao autor em 21 de abril de 2020.

#BORAVAREJO

Sua fala precisa estar alinhada com o seu coração.

@alfredosoares @boravarejo

processo produtivo e elas são remuneradas pelo trabalho desenvolvido, que vai desde o ingrediente extraído daquele lugar em que elas vivem e passa pelo patrimônio genético da matéria-prima, pelo conhecimento tradicional que os moradores de lá têm dessa matéria-prima e pela preservação ambiental. Assim, a empresa trabalha todo um ciclo que envolve preservação ambiental, desenvolvimento social e manejo sustentável.

Essas ações já vinham acontecendo e a tendência é que mais empresas comecem a se engajar nesse tipo de propósito. Além disso, o fenômeno de solidariedade que aconteceu na quarentena ajudou a mostrar a força que as marcas têm. Ora, se você consegue influenciar as pessoas a comprar produtos e serviços, se consegue vender um estilo de vida, por que não incentivá-las a doar? Por que não se envolver em projetos desse tipo? A partir de agora, a mesma estratégia de marketing utilizada para vender terá que ser usada para doar. E não há problema em divulgar as doações e incentivar que todos façam o mesmo. Falar sobre as suas ações sociais dá orgulho aos funcionários, mostra aos consumidores o papel social que a marca pode desempenhar, influencia outras empresas e ainda pode até incentivar concorrentes a unir forças para fazer mais.

Estamos entrando em um novo momento na sociedade e as marcas precisam ficar atentas a esse movimento. A solidariedade vai ficar cada vez mais presente e o consumidor se preocupará com esse lado social. "Não creio que haverá espaço para empresas que não sejam cidadãs e solidárias. Muitos desafios virão pela frente depois da pandemia", alerta Bianca Senna.

A minha proposta é construir os negócios do futuro, aqueles que serão resultado da digitalização, do fortalecimento de marcas, do relacionamento com o cliente, das parcerias com a indústria, do uso da tecnologia de ponta a ponta e do envolvimento com seus propósitos e legados. A empresa tem que se entregar de verdade aos seus valores, convertendo-se em um exemplo de transformação. Um novo mundo está sendo desenhado. E nós estamos tentando projetar um futuro desconhecido, sem olhar para o passado. Muitas das respostas que nós procuramos na verdade estão no passado, nas nossas práticas do passado. Se você é dessa época, deve se lembrar de como era ir à feira ou ao açougue. Quando eu voltava da escola e passava pela feira, o vendedor me dava melancia, mesmo sabendo que eu não era o cliente dele – mas sabia que eu era um influenciador. Eu ia chegar em casa e falar para a minha mãe que aquela fruta estava uma delícia e, logo em seguida, ela estaria ali para comprar. Aquilo nada mais era do que o trial, um teste para ver se você gostou do produto e, posteriormente, se interessa em comprá-lo. Hoje, muita gente olha para a prática do trial como se fosse completamente nova, mas não é. Os comércios de bairro, antes, entregavam na região, como hoje talvez voltem a fazer – isso aproxima o comércio do clien-

A empresa tem que se entregar de verdade aos seus valores, convertendo-se em um exemplo social

te, as pessoas passam a se conhecer melhor, a saber quem é o entregador que vai lá toda semana. É um conselho que deixo a você: pense mais no negócio como empresário, e não como empreendedor. Somos todos empreendedores, estamos sempre nos arriscando, mas, dessa vez, o risco veio até a nossa porta. É hora de proteger o cliente, o funcionário e o negócio, ter cuidado com as ações, e trabalhar com resiliência, sem hora para acabar, até ter certeza de que todo mundo está seguro.

Durante muito tempo, as empresas se limitaram a tirar o pedido, em um modo automático de atender o cliente. Escolher um bom ponto de venda, colocar todo o produto em exposição e deixar a vida tomar seu caminho. Se o resultado aparecesse no fim do mês, tudo estava certo. Nunca se deram ao trabalho de ouvir o cliente, que é o seu maior consultor, ou de preparar uma estrutura para atendê-lo; afinal, quantos lugares dos quais você consumia tiveram que, da noite para o dia, inventar um delivery? E que atenderam mal porque não tinham nem equipe acostumada a fazer coisas diferentes? Trocaram o produto sem querer, ele chegou tarde, não foi bom? Mas o jogo virou. Agora sai na frente quem ouve o seu cliente, está disponível para conversar sem filas de espera de *call center*, que mostra como ele é importante. Chegamos à era de menos oferta, menos sair oferecendo e forçando, menos promoção maluca e mais relacionamento. Nestas páginas, mostrei algumas ferramentas para que o leitor consiga seguir esse caminho, assim como exemplos de empresas que provaram que é possível – para que você também tenha vontade de se aprofundar. É hora de matar o seu conservador interior, porque até o feirante de vinte anos atrás conseguia ser mais arrojado que isso ao oferecer uma fruta para uma criança.

A partir de agora, deixo meu legado em suas mãos. Tenha coragem, empodere-se das informações que passei aqui. Não se assuste com a crise, lembre-se de que ela chegou para todos e em todo o mundo. Quando o mercado retornar, os mais bem preparados terão vantagem. Você é um deles. Bora seguir em frente. Bora ter coragem. Bora ser um influenciador. Bora ter um propósito. Bora ser um empreendedor do futuro. Você consegue, como eu consegui. #BoraVarejo!

#BORAVAREJO

Liderar na crise exige ser verdadeiro o tempo todo.

@alfredosoares @boravarejo

VENDEDOR FELIZ VENDE MAIS
THIAGO VOLPI, médico nutrólogo, especialista em qualidade de vida e performance

Trabalhar no varejo não significa apenas vender. O trabalho de um vendedor nos dias atuais vai além e exige habilidades de relacionamento e muita dedicação do profissional. Manter sua saúde em ordem e a vida em equilíbrio são fundamentais para ser feliz e, com isso, melhorar sua energia e performance no trabalho. Pessoas felizes são mais produtivas, sofrem menos com depressão e tem um caminho aberto para o sucesso.

Por muito tempo, achou-se que o nível de felicidade era determinado geneticamente. Uma pessoa nasceria pré-programada a um nível de felicidade e, por mais que tivesse acontecimentos positivos ao longo da vida, sempre voltaria àquele nível basal de felicidade para o qual havia sido programada. Mas hoje já se sabe que há formas de reprogramar esse nível de felicidade. A meditação, por exemplo, é uma das estratégias.

Você deve estar pensando: eu tenho um trabalho estressante, penso em negócio o dia todo, em estratégias, em metas a cumprir. Como vou conseguir ser feliz?

A resposta não está no seu trabalho, mas sim no modo de vida que você leva. O seu autocuidado, ou seja, o cuidado consigo mesmo e as suas atitudes fora do expediente que o fortalecem para suportar as cobranças profissionais. E, estando bem, você ficará mais feliz, terá mais energia e ganhará performance no trabalho. Comece pensando em quanto trabalha. Claro que ter renda é importante. Você trabalha por isso. Mas trabalhe o suficiente para ter dinheiro para suprir suas necessidades básicas. Mais que isso, só vale a pena se o fizer por um propósito e não pelo dinheiro que estará recebendo.

Veja o que mais você pode fazer:

Alimentação: Evite os carboidratos refinados, açúcares, gordura trans e o excesso da gordura saturada. Eles são responsáveis por processos inflamatórios no organismo que levam à obesidade e sugam a sua energia. A receita para se alimentar bem não é difícil. Coma comida de verdade. Verduras, legumes e frutas são prioridade nessa lista, assim como o peixe como proteína.

Exercícios físicos: Intercale treinos de musculação com aeróbicos, como correr, nadar, pular corda ou caminhar. Esse treino misto garante a liberação de endorfinas – substância responsável pela sensação de bem-estar – e também exercita o cérebro com a melhora da oxigenação e da produção de neurotransmissores.

Sono: O recomendado é que se durma de sete a nove horas por noite. Menos que isso, haverá uma queda na performance cognitiva. No caso de um vendedor, ele pode fazer cursos, treinos para vender e bater as metas, mas, se estiver dormindo pouco, não terá o retorno de que gostaria. Se o seu corpo não estiver funcionando bem para dar sustentação ao seu cérebro, é como se você estivesse competindo em uma prova da Fórmula 1 correndo com um carro popular. Por mais que esteja preparado, que tenha estudado muito, se o seu cérebro não funciona bem, se não dormir bem, não conseguirá competir com os outros.

Meditação: Meditar ajuda a controlar a ansiedade e a inflamação no corpo. Além disso, colabora para o aumento no nível basal de felicidade. A oração pode ter o mesmo efeito.

Otimismo: Manter a positividade e o otimismo ajuda a afastar a depressão. Martin Seligman, pai da psicologia positiva, criou um exercício mental que ajuda as pessoas a serem mais otimistas, chamado CCCCC (Contrariedades que aparecem, Crenças que surgem, Consequências que damos a elas, Contestações que podemos usar e as Capacidades que desenvolvemos com o que passamos). Por exemplo: você manda um WhatsApp para um amigo e ele não responde. É uma contrariedade. Com isso, forma a crença de que esse amigo não gosta de você. A consequência disso é que você não entra em contato com ele e passa a acreditar que não tem mais amigos. Aí vem a contestação: ele não respondeu porque está trabalhando demais. A partir do momento que contesta, cria a capacidade de se relacionar melhor com o amigo e com outras pessoas, fechando o ciclo do CCCCC. Experimente!

Cérebro treinado: Os suplementos do cérebro, os nootrópicos, melhoram as funções cerebrais, o foco, a atenção, o aprendizado, a criatividade, a memória e evitam o envelhecimento do cérebro. O nootrópico mais conhecido é a combinação de cafeína e teanina. Outros são o ômega-3 e o rhodiola rósea.

Flow: Sabe quando você está fazendo algo de que gosta muito e nem se dá conta do que acontece ao redor nem do tempo que está imerso nele? Esse é o *flow*, um estado de excelência que acontece quando você se entrega de coração a alguma coisa. Quanto mais tempo passar em *flow*, mais feliz será.

Pertença a um grupo: Pode ser um grupo religioso, de fãs de um esporte, de escoteiros, de discussão política, enfim, algo que você acredita e que faça sentido para você.

A vida é cheia de adversidades, então cabe a você buscar uma maneira de driblar esses momentos e conseguir transformá-los em aprendizados. Busque sua felicidade!

#BORAFAZER

Escreva os top 5 insights que você pegou nesse capítulo para começar a aplicar hoje

1.

2.

3.

4.

5.

POSFÁCIO
DE NIZAN GUANAES

nfelizmente, ainda hoje o home office é um privilégio para um grupo pequeno de pessoas que possuem uma "home" e, nela, podem fazer o seu "office". Entretanto, eu acredito em mudanças e acredito em pessoas, e a pandemia veio para mudar tudo, inclusive a maneira como pensamos e vemos o mundo. Ela veio para nos mostrar que podemos ultrapassar os nossos limites e fez com que nossas decisões, aquelas que estavam sendo postergadas, fossem transformadas em prioridade, e, consequentemente, aceleradas.

Com a pandemia aconteceu a digitalização, total ou parcial, de basicamente tudo o que vivíamos antes disso. Home office, reuniões não presenciais, relacionamentos a distância e, no fim do dia, menos se tornou mais. Aconteceu não apenas a reforma do capitalismo como também a reforma do multilateralismo e, quando fomos obrigados a nos trancar com nossos pensamentos, desafios e medos, fizemos o dever de casa. E agora o mundo está mudando!

No novo normal, tudo será igual. Porém diferente. Talvez em um mundo virtual, talvez com novos relacionamentos, mas, com certeza, com novos olhares e novas prioridades. Igual ou não, a minha sensação é de disrupção, pois mudamos a nossa capacidade de entender a natureza humana e melhoramos o aproveitamento de demandas que o *business* não conseguia controlar. E o ***Bora varejo*** representa isso, essa transformação e disrupção do mercado varejista e como podemos aprender com tudo o que aconteceu nesse período. É um caminho sem volta e não nos sobra nada, além de nos movermos nesse sentido para estarmos conectados com as transformações que aconteceram e ainda acontecerão.

Vejo o Alfredo como um cara acelerado e carismático, esportista e idealista. Mesmo quando tem pouco, ele consegue transformar em muito. E com maestria. Além disso, para mim, o que caracteriza o Alfredo Soares e a geração que ele lidera é justamente a narrativa em torno de empresas leves, com novos pensamentos e que fazem a diferença. Elas fazem rápido, mas também não têm compromisso com o erro. É um ciclo de fazer, acertar, mudar, errar, consertar e, acima de tudo, sempre sonhar grande. Com a VTEX, Alfredo Soares trouxe um dos maiores ícones políticos do mundo para palestrar em seu evento, o ex-presidente dos Estados Unidos Barack Obama. Foi uma conferência de aprendizados e transformação.

Como missão de vida, Alfredo Soares não fez nada além do que esperávamos durante a crise: liderou, liderou e liderou. Ele é um evangelizador de bandeiras importantes, com a garra e a dedicação que poucas vezes vi por aí. Ele é o cara!

Para fechar este posfácio, gostaria de dizer que, mesmo sendo de gerações diferentes, temos uma visão grandiosa do potencial do Brasil. E por isso empoderamos pessoas! Reconheço-me em Alfredo como quando era jovem, vejo nele um grande líder brasileiro transformando o varejo e tudo o que o circunda. Se o Brasil sonha grande, Alfredo Soares sonha junto. E, nesse ciclo, a prioridade é sonhar, executar e corrigir. Bem rápido! E assim são as grandes pessoas de liderança no Brasil.

Espero que este livro tenha servido como um grande aprendizado para transformar o seu negócio e que você tenha aproveitado a leitura tanto quanto eu. *Bora varejo* é uma obra imprescindível para este momento e um livro único na direção do sucesso. Bora transformar!

#BORAVAREJO

Sucesso é ritmo.

@nizanng
@alfredosoares @boravarejo

TENHO UM PRESENTE PARA VOCÊ

Agora que você já viu ferramentas, estratégias e cases do varejo digital, preparei um bônus exclusivo para ajudá-lo na digitalização do seu negócio.

Cadastre-se no link abaixo e receba seu bônus por e-mail:

alfredosoares.com.br/bonus

CONTEÚDOS EXTRAS

FERRAMENTAS E SOLUÇÕES

Pesquisei uma lista de ferramentas e soluções utilizadas pelos cases que apresentamos no livro. Acesse o link para ter acesso e condições especiais:

alfredosoares.com.br/ferramentas

PALESTRAS

Convites para palestras, painéis e eventos, acesse o link:

alfredosoares.com.br/palestras

MENTORIA

Para conhecer mais sobre o meu programa de mentoria, acesse o link:

alfredosoares.com.br/gestão40

CURSO ON-LINE

Para ter acesso a mais de 100 aulas on-line com os principais gestores do Brasil, acesse o link:

alfredosoares.com.br/g4lives

PARCERIA

Caso queira fazer parcerias e projetos com o autor Alfredo Soares e as marcas Bora Varejo e Bora Vender, acesse:

alfredosoares.com.br/parceria

ACESSE OS MAPAS MENTAIS DAS LIVES

A Facilitando Ideias preparou ilustrações com os principais insights das lives do *Bora varejo*.

Cadastre-se no link abaixo e receba o e-book completo no seu e-mail.
alfredosoares.com.br/mapasmentais

REFERÊNCIAS BIBLIOGRÁFICAS

CURY, João Wady. **Enquanto eles choram, eu vendo lenços**: Os acertos e erros do empresário Nizan Guanaes, que fez de seu grupo um dos maiores da propaganda mundial. 1 ed. São Paulo: HarperCollins Brasil, 2014. 160 p.

DALIO, Ray. **Princípios**. 1 ed. Rio de Janeiro: Intrínseca, 2018. 592 p.

E-COMMERCE BRASIL. **Portal E-commerce Brasil**: Muito mais que e-commerce. Disponível em: https://www.ecommercebrasil.com.br/. Acesso em: jun 2020.

MALONE, Michael S.; ISMAIL, Salim; GEEST, Yuri Van. **Organizações exponenciais**: Por que elas são 10 vezes melhores, mais rápidas e mais baratas que a sua (e o que fazer a respeito). 1 ed. São Paulo: Alta Books, 2019. 288 p.

MOCHARY, Matt; MACCAW, Alex; TALAVERA, Misha. **The Great CEO Within**: The Tactical Guide to Company Building. 1 ed. New Jersey, EUA: Mochary Films. 192 p.

RIES, Eric; SZLAK, Carlos. **A startup enxuta:** Como os empreendedores atuais utilizam a inovação contínua para criar empresas extremamente bem-sucedidas. 1 ed. São Paulo: LeYa, 2012. 288 p.

ROSS, Aaron; TYLER, Marylou. **Receita previsível:** Como implantar a metodologia revolucionária de vendas *outbound* que pode triplicar os resultados da sua empresa. 1 ed. São Paulo: Autêntica, 2017. 240 p.

SOARES, Alfredo. **Bora vender**: A melhor estratégia é atitude. 1 ed. São Paulo: Editora Gente. 224 p.

SUPERTI, Pedro. **Ouse ser diferente**: Como a diferenciação é a chave para se reinventar nos negócios, relacionamentos e vida pessoal. 1 ed. São Paulo: Buzz Editora. 224 páginas.

WEINBERG, Gabriel; MARES, Justin. **Traction:** How Any Startup Can Achieve Explosive Customer Growth. 1 ed. Nova Iorque: Portfolio, 2015. 240 p.

Quer ter acesso a mais conteúdo
e ficar por dentro das novidades?
Cadastre-se no meu site
alfredosoares.com.br
e me siga nas redes sociais para que
possamos continuar juntos.
@alfredosoares
Instagram | YouTube | LinkedIn | Facebook

Este livro foi impresso pela
Gráfica Bartira em papel pólen bold 70g
em julho de 2020.